场景革命

重构人与商业的连接

吴声 著

机械工业出版社

我想

这不是一本书

而是一篇很长的微信文案

然后

像『深夜发媸』徐老师说的

对待一则微信传播

作风不妨大胆一些

毕竟它的寿命不到一天

既然你早晚要失去它

还那么小心谨慎干嘛

哥特式线条在幽深的书页窸窣中泼洒着思想；咖啡、家居、服装、书店、沙龙的边界在跨界中溶解，方所在成都深沉了一个高度。

● 前言

后连接时代的造物逻辑

我对场景的兴趣开始于一个命题：下一代电商的可能性。超级平台之后，PC时代以降，IoT（万物互联）崛起之时，到底什么是新的入口？是微信公众号还是H5？以产品为中心的营销逻辑与以人为中心的连接逻辑到底有什么本质不同？人、货、场，原来是用户、产品和平台，现在的人、货、场是不是意味着社群、极致单品和新场景的连接？一系列的颠覆使我开始正视移动互联时代的品类创造方法。

你之蜜糖我之砒霜：场景造物的生态逻辑

来自福建的老林或许是最敏感的"罗辑思维"重度用户。2014年5月21日早晨6点半，听完"罗辑思维"微信公众号发售限量图书包的语音，他就意识到图书包奇货可居。老林毫不犹豫抢购了10套，每套499元。

这套图书包售前未公布6本图书的书名，这完全是基于对罗振宇魅力人格信任的售卖，堪称冒险。但上午8点刚过，"罗辑思维"宣布8000套完全售罄。这次快速成功销售在事后被总结为微信场景的胜利。几乎与官方售完同步，老林第一时间在个人淘宝店挂出了同样商品，以每套998元的价格出售。然而，与之前一个半小时的热火朝天形成强

「罗辑思维」限量图书包

烈对比,他的个人淘宝店乏人问津。价格从 998 到 898 到 698,直到 498,居然零成交。老林困惑不已。而此同时,仍有大量留言涌入"罗辑思维"后台,欲求一书而不得。

这是这个时代最典型的悖论,吊诡而真实:一个引爆场景对于另外特征的社群可能意味着无感、漠然、可忽略。如人们普遍的总结,这是所有人的小时代组成的大时代,流行更加网格化。在我们所处的世界中,无数小众化群体真实地存在,却又并不被大众所熟知。如 NFL 总决赛、小米或锤子的发布会、巴萨与尤文的欧冠决赛、《权力的游戏》新一季强势回归、《古剑奇谭》游戏的角

NFL 总决赛

《古剑奇谭》游戏同名电视剧

色设定,你的刷屏何尝不是我的孤独。我们看到一些颇为壮观的粉丝群体,他们热衷于自己的群体属性,对群体之外,却常常"两耳不闻窗外事"。当然有国民议题,但它是现象级,也只是现象。

回到老林的疑惑,在"罗辑思维"微信公众号抢购图书包,本质上是基于罗振宇魅力人格的一次信任连接,售卖的核心信息不是图书本身的价值或价格,由于缺乏一个类似罗振宇的魅力人格,淘宝C店的商品逻辑并不成立。用传统电商的术语来说,"罗辑思维"图书包的商品详情页不是规格、尺码与定价,而更多的是关于这个图书包的故事,是能够打动人心的温度。新书在京东、当当、亚马逊、淘宝打折销售的价格敏感法则失效了,人的连接在微信这样的社交沟通生态中获得了更高溢价。

情感连接:场景造物的体验逻辑

我们看到百度连接人与信息,京东连接人与商品,美团连接人与本地生活服务,微信连接人与人,河狸家连接人与手艺人,"罗辑思维"连接人与知识,腾讯负责连接一切。那么,连接之后呢?共享或者分享?谁帮助流量变现,谁又生成新的流量?答案是:无论实物、信息、视频抑或图文,打动人心的场景成了商业的胜负手。

很多时候,人们喜欢的不是产品本身,而是产品所处的场景,以及场景中自己浸润的情

治愈系萌物『多肉』

无印良品料理餐厅

感。办公室的 90 后 Amy，桌子上摆了一溜多肉植物。这种古老的景天科植物，已经成为文青和白领的宠儿。产品层面，多肉其貌不扬，颜值不高。然而，Amy 给它赋予"天然呆""萌"这样的情感特质。多肉成了孤单时陪伴的治愈系萌物，也成了"生活可以很简单"的精神寄托。理所当然，它不断在小伙伴的微博、朋友圈刷屏。Amy 还加入了一个规模不小的多肉种植群，互相秀自己的养殖成果，交流新的品种，并且常常线下聚会。小伙伴会动不动就新"收"几个养多肉的瓶瓶罐罐，还有土壤。为此虽然花费不菲，但 Amy 觉得这种投入不仅超值且乐此不疲，因为它会伴随自己成长。百度或淘宝一下，你会发现，多肉并不以单纯的植物形象出现。它常常出现在透着阳光的原木窗旁边，有台灯、明信片的书桌，有装红酒的木格……人们需要这样的场景与氛围来满足自己的情感诉求。与之相仿，健康、乐活、朴素等情感诉求同样大行其道，与这些需求相对应的是智利蓝莓，是墨西哥牛油果，是大朴浴巾，是无印良品。人们需要更多场景来满足自己的不同需求，哪怕是不能实现的空中楼阁似的需求。

新连接下，商品不再是传统的作为物的产品，而更多是发轫于场景的体验。"哥吃的不是面，是寂寞"，逐渐从笑谈成为事实。商品的必需属性被大大降低，个体的"体验"成了新标准。这个"寂寞"的场景，远远比"面"的价格更高。

场景时代就此到来，订阅的微信公众号、关注的微博、知乎话题、豆瓣小组，各种被数据挖掘打上的标签表明自我认知，也暗喻着我们的生活动线。"罗辑思维"是这样的场景，也是这样的社群选择：每天晨起的马桶伴侣，健身房运动时的视听装备，成长焦虑的日常抚慰。相类似，无数亚文化的背后，既是碎片化的生存，也是碎片化的传播，更是碎片化的场景。社交沟通即时软件和智能手机的器官化，裂变式的放大能力和蜂窝式的自我复制既造就群体性孤独，也成就新的商业机会。场景快速指向新的品类，譬如MO智能体质分析仪，表面上是智能体重秤的延伸和瘦身场景的激活，当聚焦在"我们对脂肪的态度也是对世界的看法"时，脂肪派、脂肪主义应运而生，新的品类诞生了：爱脂肪，爱并不完美的自己；改造它，让它跟上我的步伐。它不是Fitbit在手环外做得最好的品类，不是智能体重秤，而是全新的脂肪场景，也是全新的脂肪品类。

MO智能体质分析仪

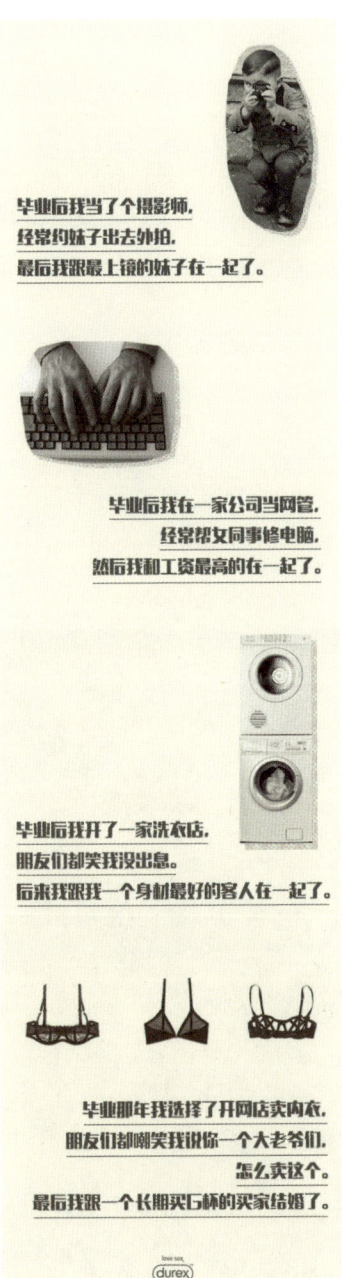

杜蕾斯官方微博

需要到想要：场景造物的人格逻辑

如前所述，商品的必需属性被大大降低。随着物质的极大丰富与丰饶，如同互联网上的信息一样易得、超载，却也经常不得要领。个体的"想要"因此成了新的丈量尺度。"罗辑思维"月饼实施他人支付、多人代付等多种玩法，表面上令月饼成为新的风靡游戏，在微信朋友圈形成刷屏，客观结果却也成就了售卖水到渠成。"罗辑思维"发布的实验报告标题提到：从流量到关系。是流量不再重要了吗？抑或这仅仅是场景电商的个案特征？我们可以说，流量依然重要，但流量正变得越来越不重要。

流量批发的红利时代结束了，迅速登场的是社交关系，是基于更加鲜活的人格吸附所形成的人格连接。万众微商之后，利益诱导退居次要，基于信任的达人模式在每一个细分的场景大行其道。话语权与信任感相映成趣，社交推荐取代单纯售卖成为新的商品购买模式，关键词是场景，是基于场景的分享，是利于传播的内容，是可以信赖的关系。"冰冰有李""光大是不行的"既是杜蕾斯官方微博对公众热点的快速转化，也未尝不是借此研发的新品类。沈宏非、文怡对微博电商的贡献意味着更精确导流方式的人格化实现。而"罗辑思维""凯叔讲故事""悦食中国"对微信电商的探索拓展了新的入口逻辑：更具公信力，也更具活跃度的人便是获取用户成本极低,同时也是更精准与智能的流量入口。

场景是古已有之的生活逻辑,原先仅仅是线下的识别,现在有了线上的交互,则更添了一层增强现实的意义。因为可以随时随地接入社交网络,我们对想要的商品的识别,对信息的甄别与判断,现在可以由更信任的连接关系帮助完成。社群标签、达人推荐、场景解决方案,初始是营销手段与亚文化叙述,现在则一跃成为主流的商品打造能力。这背后蕴含着一个时代消费精神的巨大变化。

社群动力学:场景造物的势能逻辑

2012 年《复仇者联盟》在中国的票房成绩多少还来自于观众对大片和时髦观影的需求,但到了 2015 年《复仇者联盟 2》上映时,却多了快速成长的漫威粉丝群体的功劳。所

【复仇者联盟 2】海报

以同样的火爆，但至少在中国市场，原因的确有了很多不同。亚部落狂欢在"妇联2"是典型的社群动力，助其成为人气电影。

是的，人变成了新的渠道。口袋购物推出微店，跨平台低门槛手机开店，在短短8个月，以移动互联网的淘宝姿态，轻松获取千万卖家。截至2015年4月底，卖家突破3200万，平台交易额日均4亿元之巨。排名第一的互联网电台喜马拉雅也是如此，基于音频的场景和1.5亿用户，不断成就新的"声活达人"。

作为中国最大的智能手机厂商和第三大电商，小米公司拥有一大批忠实用户。这些用户不

小米公司系列产品

仅成就了小米论坛仅次于天涯和猫扑的论坛地位,自身也成为每周更新的 MIUI 设计师,更不用说为用户量身定制的 F 码机制之于小米新品的特殊营销价值。雷军的堰塞湖比喻,就是最好的社群动力机制:自组织、自媒体、自传播,自上而下更自下而上。红米选择 QQ 空间首发就是特定族群的匹配结果。乐视和小米在电视领域的生猛亦如此,面向 C 端快速迭代,乐视超级电视 UI 一年半升级近 100 次。小米电视的内容源匹配豆瓣评分每日更新。互联网人群客厅场景被激活,终于使互联网电视不再只是电视,而成为全新客厅生态和极客标签。

场景复兴,万物互联。我们在场景的其兴也勃中不难看到其亡也忽的宿命,然而正如人的生老病死,这个以加速度刷新的时代,正在雄心勃勃地定义全新游戏规则的人,谁会在乎抛弃或被抛弃呢?从这个意义上说,场景时代显然是对过去流量时代的一次革命而非改良。因为,人是这个时代最大的场景。

GoPro 设备提供的难得一见的场景体验

一些场景消失了,像抬头仰望的星空与江南故乡的小桥流水。更多的场景,如《奔跑吧兄弟》,越来越快在通过我们的指尖占领我们的大脑。它是虚拟现实(VR),是可穿戴智能设备,是跑酷和Beats,是GoPro推出的无人机,是场景画报H5应用。如同雷·库兹韦尔的名作《奇点临近》(*The Singularity Is Near: When Humans Transcend Biology*),每一次新场景的质量累积,都在酝酿一场突然而至的新生。

041

○

第二章 共享经济崛起的DNA

租车应用Uber在6年时间内估值超过500亿美元,"Airbnb短租推出餐饮共享服务后,估值迅速从130亿美元攀升到210亿美元。为什么这些应用能够实现指数级的增长?共享经济是场景商业的典型演绎。共享经济商业模型隐含了对真实场景的全新定义。

049

○

第三章 颠覆传统互联网入口的核心逻辑

为什么朋友圈被「足记」、「穹顶之下」刷屏?因为移动终端和移动互联技术将原本静态的场景进行了动态重构,在每一个点赞、评论的动作中,用户被卷入;社交网络状态的更新,让场景快速更迭渠道,场景成为重要的互联网入口。

● 目录

● 前 言 后连接时代的造物逻辑 007

● 第一部分 正在发生的场景革命 027

○ 第一章 长在朋友圈中的碎片化场景 033

我们用摄影来看待这个世界，用图片来认识这个世界，用自拍来表达我们对世界的看法……微信是基于连接的最大公约数，是这个时代的基础设施。朋友圈几乎是惟一的引爆场景。

091

○

第六章 『社群』是场景的动力机制

如果场景自身不能具备一种亚文化的力量、亚群落的表征和社群感,就不会拥有大规模用户和商业应用的可能。如果我们理解以人为中心的商业逻辑,就会发现商业就是忘掉生意、忘掉利益,是深入思考我们和拥护者的关系。

105

○

第七章 『数据』让场景精确匹配用户需求

数据运营时代也是用户经营时代。场景背后是可量化的数据。数据流动性越强,生成的结构性也越多,使用者关系越清晰,新场景的创造也越清晰。

021

065

● 第二部分 支撑场景的核心要素

069

○ 第四章 「体验美学」重塑新的商业价值逻辑

流量放大用户价值已不再适用,价格敏感性的存在不断边缘化。

基于价值敏感性的「体验」成为首要法则,场景解决思路是:

为用户创造卓越的体验,建立与消费者的情感连接。

083

○ 第五章 「空间链接」变成了新场景的定义指导

团购场景、打车场景的背后隐含了移动互联时代生活方式和消费形态的升级,O2O反映的是以人为中心的链接逻辑,网络环境和生活空间正不断融合,带来新的跨界,从而定义全新的场景,也帮助我们创造全新的品类。

第十章 跨界即连接

六度空间理论正在被更多公司和品牌证实并简化——任何两个陌生的企业，通过强商务拓展找到接触点，彼此形成互补的品牌连接。品牌的跨界伴随的是用户群流动，原来井水不犯河水的两群人，通过品牌的跨界，完全打破壁垒，形成了新的用户群。跨界的深度已经成为这个时代的定价关键。

第十一章 流行即流量

互联网入口格局被颠覆，商业告别流量时代，消费者对相关的场景需求成为新的入口，也成为新的渠道。品牌不再被策划，而需要更多的引爆；营销需要更多细分的标签，需要窄化成生活方式的共同体。渠道与人的边界持续溶解，流量正全面服从于流行。

● 第三部分 构建场景的『四即』方法论

127

○ 第八章 产品即场景

微信、知乎、大姨吗、易到用车、美图秀秀……每一个App就像定位清晰的黑洞,吸附着数量巨大的族群,场景成了虚实交互融合的核心,产品变成了场景的解决方案,手机也作为社交器官重新定义了我们的生活状态。

131

○ 第九章 分享即获取

无数好友自发分享微信红包,让微信支付急速崛起;无数人自动分享「打车优惠券」,让滴滴快的成长为估值破百亿美元的移动入口。分享模式下,资源越用越有价值。分享就是获取,消耗就是积累。

143

第十四章 场景在商业应用中的分类（下）

遇上野兽派，遇见的是鲜花心情，还是关于生活美学的想象？连接度高的有情感意义的生活场景是密度场景，产品容易成为场景链接的工具；而广度场景，如咖啡虽然频次高，但连接能力缺失，需要提高附加值，从而不可避免地要向密度场景转变。

第十五章 场景成为传统产业转型为数不多的机会

传统产业在场景时代的转型不只是打造简单的互联网平台，也不是销售所谓的极致单品，而是需要真正具备互联网能力的团队，以带动线下、线上渠道，跟用户形成连接，并生成匹配目标人群需求的产品逻辑。

后记

第四部分 场景的商业应用

177

179 ○ 第十二章 场景重构商业模式

场景时代已经来临，传统商业模式的品牌、营销、渠道、设计、研发、市场、公关、销售和连接方式正被场景重新塑造。移动互联时代的个性化在商业上正呈现出越来越明显的社群化与场景化特征。

197 ○ 第十三章 场景在商业应用中的分类（上）

河狸家为什么选择美甲而不是美容、美发切入？在美容、美发和造型之外，结婚纪念日要不要纪念？宝宝的百日要不要跟拍？在这些场景中，哪些是高频场景？哪些是低频场景？高频场景更容易获取用户，低频场景中会有天然不信任关系，却更容易获取高毛利。

● 第一部分

正在发生的场景革命

"场景",本来是一个影视用语,指在特定时间、空间内发生的行动,或者因人物关系构成的具体画面,是通过人物行动来表现剧情的一个个特定过程。从电影角度讲,正是不同的场景组成了一个完整的故事。不同场景,意义大不一样。

当这个词被应用在互联网领域时,场景常常表现为与游戏、社交、购物等互联网行为相关的,通过支付完成闭环的应用形态。我们通常称之为应用场景。其中,能够触发用户沉浸式体验或者能够使用户长时间停留的应用形态,如视频、游戏、微信,可以被理解为超级入口;能够应用微信支付/支付宝完成交易的购物、用车、本地团购等场景可以被理解为支付场景。

随着移动设备和智能终端的出现,互联网和人们的日常生活结合得越来越紧密。移动互联网和共享经济正在改造我们生活的所有维度。随之而产生的新的生活方式越来越表现出社会网络的新处境和新特点。譬如我们在微信环境中的生存状态。

我们可以把世界理解为 Duncan Watts 强调的"小小世界"(Small Worlds)。这个"小小世界"不断连接不同群体中的不同个体的方式就是场景。不同群体中的不同个体被场景连接在一起,这种连接所创造的独特价值,会形成体验,促成消费,甚至创造个体生存意义。这种场景表现在互联网上,则是更加具体的应用场景和支付场景。譬如通过百度地图直接链接到 Uber 的订单页面,或者在美团、饿了么下单快速外卖。场景成为一种思维方式,这种思维方式主张要把互联网和移动互联网视为连接不同个体制造场景的工具;场景也成为一种能力的体现,是使用互联网和移动互联网来完成连接的高效率方法。客观上,场景因此成为互联网入口的重要方法论。

所以，什么是场景，或者说被互联网定义的新场景？

1. 场景是最真实的以人为中心的体验细节。上班堵车时打开的喜马拉雅电台、范冰冰和李晨的"我们"、周末晚饭后的一部美剧、当代 MOMA 库布里克的书和电影、望京社科院单向空间的猫和牛肉面、京都哲学之道的雨后樱花飞舞、每周三"罗辑实验室"的功夫熊按摩。场景依赖于人，没有人的意识和动作就没有场景。

2. 场景是一种连接方式。通过二维码扫描或微信连接人与商品或连接人与活动优惠。酒店服务互联网化（或曰 O2O 化）的一个典型场景是，360 度全景看房、选房、客房扫码购物、微信服务号点评、客房微服务。通过微信或其他 App 形成的连接，可以使酒店通过构建客人主导驱动的营销服务模型，打造以客人为中心的酒店场景。

3. 场景是价值交换方式和新生活方式的表现形态。在微信公众号里实现阅读价值的期待和满足，进而通过微信支付完成打赏动作，就是一次典型的价值交换场景。在 YY 或 9158 虚拟送礼，在"唱吧"或"秀才"上完成技能打赏也是同样的价值场景。Ninebot 平衡车、小米空气净化器、谷歌眼镜、360 行车记录仪、Android Pay 是"新技能 get"，更是新生活场景的悄然崛起。

4. 场景构成堪比新闻五要素，时间、地点、人物、事件、连接方式。譬如视频会议或思科网真，什么时间，多少人，电话连线接入，讨论何种议题精确描摹了会议场景。再如一个人佩戴运动手环，晚上 7 点去公园跑步，就是一个闭环动线，打造了真实的跑步运动场景。

可以想见，在传统生活形态与新消费主张交错演绎下，场景其实早已没有新旧之分。能够与场景参与者沟通诠释出新的价值与情感，才是我们主张的新场景精神与场景化思维。

毫无疑问，移动互联技术正在深度影响今天主流的思维范式、行为模式和生活方式。无论 iPhone 还是小米，华为或者魅族，既是选择一种圈层标签也是在表达自我态度。手

亚马逊 Kindle

机加上 App，身体的第二层皮肤场景就此建构。朋友圈在微信上长成了引爆场景，美拍从美图手机和美图秀秀的软硬一体化中脱颖而出，库里在底线的频频三分出手催生了 NBA 的库里区域。如莎士比亚口中的衣服，手机屏幕会泄露我们的秘密，起到同样泄密作用的还有智能电视、游戏电脑、3D 打印、Oculus 头盔、iPad、Kindle。无论《魔兽世界》《使命召唤》，还是智能血糖仪、谷歌眼镜，都是我们对世界真实的理解方式。

2015 秋冬纽约时装周

只不过有人是知乎大神，有人是豆瓣文青，有人是微博大 V，有人是微商不倦。

与以往不同，互联网世代的消费机制和生活意义都是基于场景的游戏规则塑造。

我们用"季"为计量单位，等待美剧的更新，也以"季"期待时装发布会的霓裳羽衣；以前是"集"，一集一集，如张爱玲所说"不耐烦的吸引力"。现在我们用"屏"计算 App 的排列与轻重缓急，也以"屏"为阅读单位重新检索资讯；以前是"页"，纸墨的芬芳慢慢沉浸。现在我们用"群"迫不及待抱团取暖，也以"群"分化组合新的信任关系，都名之为社群。"季"取代了"集"，更压缩、更浓缩。"屏"取代了"页"，更交互、更智能。"群"取代了"人"，更聚合、更连接。

正在发生的场景革命让我们更自由，在流量的曲曲折折之外找到新的入口，也开始了新一轮的价值探寻。体验决定了我们所在的场景，抑或新的场景迭代我们的体验和幸福感。

● 我们对于评价更在意的是朋友圈点赞。
● 我们对于商品的定价和付费，更加关注的是与谁、在何种场景被满足。
● 我们的连接通过场景表达，选择何种场景，就决定了什么样的连接方式，构建什么样的社群，最终成就什么样的亚文化。
● 场景本质是对时间的占有。拥有场景就拥有消费者时间，就会轻松占领消费者心智。

商业角度观察，没有场景，就没有社交状态的更新，没有互联网上分享的内容。所以，场景定义了我们的人格，定义了我们的付费规则，也定义了我们的生活方式。新的体验，伴随着新场景的创造；新的需求，伴随着对新场景的洞察；新的生活方式，也就是一种新场景的流行。未来的生活图谱将由场景定义，未来的商业生态也将由场景搭建，未来是高毛利产品基于新场景蓬勃生长的红利期。

第一章 长在朋友圈中的碎片化场景

○ 微信是基于连接的最大公约数,是这个时代的基础设施。

○ 朋友圈刷屏,在今天已经变成了惟一重要的流行定义方式。

○ 场景成为移动互联时代我们与世界的连接方式。

How-Old 如何引爆朋友圈的全民脑洞狂欢？

曾经,你"How-Old"了吗?如果你没有在朋友圈或微博中看到过朋友晒"颜龄",那只能说明你的交友面实在太窄或者你根本已经老了。

2015年5月1日,微软在Build开发者大会上展示了基于深度学习的人脸识别机器人网站——How-Old.net。网友上传自己的照片后,网站通过大数据和机器识别技术自动甄别照片中人物的性别和年龄。网站一经推出,就在社交网络上掀起了橙色刷脸狂潮。

这场意外的蹿红,源于微软要测试自家的面部识别技术,最初乐观的估计是至少50名网友会试试。未曾想几个微软工程师一天内做出的网页,几天之内在Facebook上的搜索次数便逾百万次,在Twitter上相关推文的数量也接近百万。

这股风潮也引发了全民脑洞大开,除了自曝加上了磨皮、美白、祛痘、瘦脸、亮眼各种特效的"嫩"照,众名人也在全民娱乐的狂欢中或主动参与,或被动"躺枪"。李开复在微博大胆晒出照片,并自嘲有个比自己小50岁的老婆;网友惊呼郭德纲与林志颖之间,竟然差了一个吴奇隆;刘晓庆成为逆龄女王;蒙娜丽莎的微笑,穿越时空被定格在31岁……最终,这场发酵于社交网络的狂欢,帮助微软完成了火爆全球的社会化传播,15分钟热度让一向"严肃古板"的微软,继聊天小冰后再一次被打上了微创新的标签。

○ **场景洞察**

How-Old 无疑是现象级的。尽管有人质疑 How-Old 究竟能火多久,但是它仅依靠社交网络中无数次的强关系场景连环就完成了一场完美的被动式"推广",最终命运何去何从,已经不再重要。重要的是我们看到了隐藏在朋友圈中的碎片场景的

崛起。就像"新年,六月的抽签:温柔、孤独""围住神经猫"和"白金蓝黑裙",甚至来不及用量化能力和数据能力去计算有多火爆,但是我们都知道它已引爆了公众话题。

随着各种流行在朋友圈中火爆刷屏,我们突然发现,微信已经变成连接层面的最大公约数。移动互联技术让碎片化的场景被深埋在朋友圈,你看或不看,就在那里,这种静默的守候,却不经意创造了聚沙成塔的力量。我们看到周围的人,会使用微信,并且会用微信红包,会使用微信订阅号、服务号、企业号。在基础设施层面去构建我们的商业模式和组织架构,第一步,并不是去理解,而是尝试在这个基础设施上长出来。

这是一个特别重要的表达——从微信里面长出来——而不是把微信当作外在应用,对于很多人来讲,这是前所未有的挑战和考验。移动互联时代,个性化与个人已经成为商业呈现的中心,同社群的激活能力息息相关。朋友圈刷屏,在今天已经变成了重要的流行定义方式,也是品牌引爆商业机会的几乎惟一场景。

H5 应用就是典型的从微信生长出来的互联网应用形态。无论是动态展示、交互式动画,还是用户参与的小游戏或趣味测试,在内容和技术上都突出创意、用户情绪洞察和可分享。因为社交需求是微信产品的第一法则,可视化是微信场景应用的基础表现。然后,从手机端微信,H5 还可以延展至 PC 端和其他屏幕。多屏互动与多点触摸甚至视频购物会有更丰富独立的玩法。作为承载内容的一种形式,H5 起于新场景,自身也定义新场景,像以前的 PC 网页一样,打开手机我们会看到越来越多的 H5 官网。作为手机应用的场景连接工具,H5 会在相当长的时间内扮演微信公众号与 App 的桥接者。

足记大片风格图片

○ **场景延伸**

足记：朋友圈中电影场景的自我填充

每个地点都默默承载了丰厚的往事，
或许是对一个名人的留恋，
或许是对一部作品的热爱，
像电影一样去生活……

这是火透朋友圈的图片社交 App 足记开启画面中的文字。如果你在朋友圈看到大片风格的图片，不要惊讶于你的朋友突然摄影技术爆棚，他（她）只是足记百万级用户中的一员。这个应用通过电影风格的截图、字幕、边距和滤镜的处理方式，尤其通过收录大量电影取景地，能把一张普普通通的照片变成电影剧照大片。

将电影场景引入微信朋友圈，激发了普罗大众内心的文艺神经和分享冲动，也让这款软件只用了不到 10 天的时间，在 App Store 排名从 Top 1000 开外，蹿升到免费分类全榜第一。足记、How-Old 走红朋友圈，让我们看到图片社交已经成为朋友圈最真实的场景。

过去我们对文字怀有敬畏之感,感叹于文字的力量,执着于文字的完美。但今天的互联网土著,还在乎看到的微信文案是文字、是视频、是图片还是音频吗?当我们在旅游景点请陌生人帮我们拍合影的时候,旁边经过的90后,已经在用自拍杆拍下自己的行程,并实时在微信、微博现场直播。摄影是他们看待这个世界的方式,拍照是他们对这个时代的记录途径。

朋友圈代表了我们与这个世界的关系和自我存在的证明。这些碎片化图片和视频场景分享的背后,就是我们希望自己看到的连接场景。正如米兰·昆德拉所说:"无意义是生活的常态,但我们要试着挖掘它,并且努力爱上它。"这句话在如今移动互联的场景中,就是每个人最真实的写照。图片社交、视频社交本身就是我们与世界连接的场景,当生活场景不断匹配在 pinterest、Instagram、nice、in,我们知道自己的无意义已经找到最好的归宿,是 iCloud,是 AWS,是云上的日子。

能不能找到自己的场景,会证明自己的生活价值或者"无意义"能否被自己爱上。这些有情怀的产品和场景本身就是存在,更是移动互联时代我们与世界最真实的连接。

那么，

场景在图片社交、微视频中是如何表现的？

场景同 UGC、PGC ①的风靡又是什么关系？

场景为什么可以是 Facebook、Twitter、YouTube？

场景为什么可以是优酷、是爱奇艺？

场景为什么可以是 Path 选择卖给 KaKao Talk？

一切皆在于场景化思维。

○ 场景方法

从朋友圈切入，我们会发现：

1. 微信从社交沟通工具演进成场景基础设施，能生长"大象公会"，能长出"深夜发媸"，也能激活小米的 CRM（用户关系管理）。

2. 朋友圈是今天几近惟一的引爆场景。围绕引爆朋友圈匹配资源，做朋友圈+，是用户获取和用户经营的基础逻辑。

3. 图片社交、O2O 一类的互联网应用拓展了场景边界，令生活方式场景化，其全新的连接能力基于微信朋友圈乘法效应，也因此产业化。

4. 场景化思维使产品功能清晰，结构化组件能力突出。内容越丰富，越能满足多层次需要的场景设计，越能在推崇个性化的朋友圈如鱼得水。

---

① UGC（User-generated Content）是用户生产内容，PGC（Professionally-generated Content）是专业生产内容。——编者注

第二章 共享经济崛起的DNA

共享经济是场景中产品与产品、人与人、人与产品连接方式的不断改变与优化,是更有效率的撮合能力的不断强化。

场景成为新商业模式指数级增长的关键词,成为共享经济的代表性标签。

Uber 是打车软件，还是入口？

Uber 鲜花快递场景

Lyft 打车场景

收拾好一天的疲惫，Andy 决定下班时打开 Uber，载几个附近的乘客再回家。他不是出租车司机，但打过他顺风车的乘客已有数十人。Andy 是一家科技公司的创始人，2014 年带着自己的宝马 5 系加入 Uber。对他来说，做 Uber 司机不为赚钱，而是一种排解压力的方式。他喜欢在这座城市里兜风，和不同的人聊天，毕竟人艰不拆。也有额外的收获，Andy 通过 Uber 已经为公司"拉"来了两个 T6 级别的构架师。

如今，Uber 的模式成为时下最流行商业模式——"共享经济"的典型，有人说它该得诺贝尔奖。层出不穷地被称为"Uber for X"的公司可以说明这一点：除了 Uber 之外，类似的还有 Lyft、滴滴打车等租车软件让陌生人搭顺风车；而 Airbnb、VRBO、小猪短租则鼓励大家把闲置的房屋空间提供给旅行者或短租者；Feastly、Eatwith 使越来越多的用户敢于到陌生人家中用餐，享受不同家庭的美食；UpCounsel 这样的公司让律师能像 Uber 司机一样在需要时被召唤；Heal 和 Page 这样的提供医疗服务的创业公司则让医生可以随叫随到；当然，如果你是一位土豪，有闲置的私人飞机和游艇，还可以通过 NetJets 和 PROP 租赁给需要的人；创新型办公公司 WeWork 的估值已超过 50 亿美元……这些正在践行共享经济的公司覆盖方方面面，从出行、房屋到餐饮、服装、工具等，不一而足。

共享经济最大的吸引力在于灵活性：任何人都可随时参与，并受益其中。人们惊讶地发现，小金库的钱不知不觉比工资卡还多了；越来越多的人可以不用买车就可以享受有车

创新型办公室 WeWork

的待遇，选择住别人家的房子取代了酒店，不用去餐厅就可以享用美食。上门美甲河狸家、嘟嘟美甲，上门送餐叫个鸭子、到家美食会，上门按摩功夫熊，上门洗车 e 洗车，上门汽车保养博湃养车，上门洗衣 e 袋洗，上门家政 e 家洁、阿姨来了，各类 O2O 在中国的蓬勃程度令大洋彼岸惊诧不已，中国成为了移动互联时代的全球领先者。人口红利形成的新场景正秘密完成共享商业模式在中国的从 0 到 1。

○ **场景洞察**

从 PC 到移动互联，再到物联网（IoT）的变革中，"场景"对游戏规则进行着解构和重构。"场景"已经成为共享经济的关键词。

2009 年在旧金山起家的 Uber，用 6 年时间，估值超过 500 亿美元，执全球未上市公司估值牛耳。为什么 Uber 能够实现指数级的增长？因为身处协作、分享和共享的场景时代，分享越多，回报也越丰厚。Uber 每天在全世界运送数以亿计的人和货物，连接一切。对于这样的超级云计算公司和大数据企业，我们应该有新的估值方式。

我们已经知道，新场景是通过跨界和连接得来的。接下来，它要在商业模式上如何体现？随着共享经济企业的崛起，我们越来越认识到，共享经济就是场景商业的典型范式。在林林总总的共享经济商业模型中，对全新场景的定义模型和连接方法构成了其商业模式的核心。

普华永道（PWC）在 2015 年 4 月份的研究报告中称："共享经济"已经有大量资金支持，未来将有更多金钱涌入。目前，全球"共享经济"市场规模约为 150 亿美元，到 2025 年这一市场规模将增加至 3350 亿美元。这意味着 10 年内全球共享经济将会增长 20 倍。这其实是个保守的预测，因为基于新的场景定义，所有本地生活服务，所有吃喝玩乐，都会被共享经济改造。

这不只是因为共享经济与生俱来地具有可以灵活配置闲置资源、实现利益最大化的经济效率模式，也是因为它永动机般不断重构我们出行、休闲和社交的场景。这一重构的本质就是场景中产品与产品、人与人、人与货物、人与城市的连接方式在不断改变，连接的便捷程度与撮合连接的能力都在不断强化。

○ 场景延伸

不断创造新共享场景的 Airbnb

Airbnb 短租应用也是共享英雄，2014 年 6 月 Airbnb 在巴黎和西雅图推出餐饮共享服务后，估值迅速攀升，2015 年初的新估值毫无悬念达到了 210 亿美元。

Airbnb 估值快速蹿升，很大原因在于它在既有房屋短租场景外又开拓了餐饮场景。为什么做短租的应用，要做餐饮分享？原因在于，Airbnb 一直致力于创造新的旅行生活方式和体验。当它在家庭旅馆市场占据主导地位时，自然会发现，用户在通过分享住宅解决居住问题后，对享受异地美味的餐饮也有着很高的期望。Airbnb 从一个高频场景自如地切换到另外的高频场景，类似美团、大众点评从餐饮切入电影票与外卖。当 Airbnb 转向开发家庭餐饮市场时，凭借已有的巨大用户基数，就能够

Airbnb 房屋短租场景

迅速对抗共享餐饮市场的 Eatwith 等公司。继续深入,既然有住有吃,那么"游"呢?我们去一个地方,希望的不是简单 ABC 的蜻蜓点水,而是一个旅行达人、一个生活美学家跟我们去分享为什么恋上一座城。可以想见,这样发展下去,Airbnb 就可能成为一个包含食、住、行、游、购、娱的大旅游入口,成为新的旅游市场龙头企业。全球最大的在线旅游服务商 Priceline 截至 2015 年 5 月 31 日的市值是 664.11 亿美元。比对之下,Airbnb 又应该如何估值?

○ **场景方法**

我们不难发现共享经济崛起的秘密中,有两点核心逻辑:

1. "场景"是共享经济商业模式创立的重要工具。新的场景意味着新的连接方式。因为人们越来越需要新体验和更高的效率,满足更高效率和更新体验就意味着重新定义新场景,重新建立新的连接,所以创设新场景成为新产品和新服务的关键要素。

2. 基于新的用户需求和用户体验,以共享经济的逻辑,形成了一种全新的产品打法和场景分类。如同 Airbnb 提供餐饮服务,Uber 商业模式在出行打车应用之外,也开始基于物流场景、基于同城快递场景、基于社交推荐场景,推出了同城快递和鲜花速递等服务。新的场景感不仅在连接体验和细节层面更加大胆、更加真实,而且超越了我们以往对场景的分类。因此,场景成为新商业模式指数级增长的关键词,或者说场景成为新商业模式的基础出发点。如此,Uber 的估值才会突飞猛进,Airbnb 的估值才会以几何级指数飙涨,Lyft 才会成为阿里巴巴海外投资的首选。

Airbnb 家庭旅馆　　　　　　　　　　　　Airbnb 家庭餐饮

Airbnb 不断创造新的共享场景

第三章 颠覆传统互联网入口的核心逻辑

移动互联时代,场景作为重要入口,颠覆了PC时代的流量逻辑。

人群的「自high」通过社交网络以几何级数放大,静态的场景被动态重构。

"大姨吗"是经期健康管理App，还是全民娱乐？

"水瓶座经期的她靠魔方和猜字游戏缓解疼痛"；
"双鱼座经期的她更是一次回眸就能幻想出一个世界"；
"天秤座的她一到经期全世界的镜子都要面对她"；
……

2015年，一部名为《大姨吗星座诊断报告》的系列迷你短剧，在网上一经推出迅速爆红。出品方经期管理App"大姨吗"在2014年还推出过《大姨来了吗》迷你科普动画，全网播放量突破3000万次，是当年教育科普类视频收视冠军。

《大姨吗星座诊断报告》以一名光头男妇科医生的经历为主线,用一个个爆笑的小故事,传神描绘了工作、生活中遇到 12 个不同星座、性格迥异的女性的故事。凭借短小精悍、笑点密集、共振点多等特色,收获了诸多粉丝的点击与关注,引发了观众特别是女性观众的情感共鸣。

「大姨吗」自制剧和网络电台

扫码带走最懂大姨妈的大姨吗

除了自制迷你短剧，大姨吗还制作了互联网娱乐脱口秀节目《玛芬电台》和《姨妈驾到》。两档电台节目以无节操谈话方式趣味性演绎了一个个平时难以启齿的私密话题。

作为这些微视频和网络电台的幕后推手，大姨吗注册用户已接近1亿，日均活跃用户超400万。从经期记录工具成功转向女性社区后，大姨吗已经建立起了包括爱情漫漫谈、妇科帮帮忙等小组在内的高活跃度的女性社交圈。依靠女性社群动力，大姨吗将姐妹们感兴趣的讨论话题作为视频和电台优先选题，节目定位更加精准，通过社区与各节目的良性互动，大姨吗成为互联网中名副其实的"女儿国"。

○ **场景洞察**

传统的产品运营和营销推广思维，是熟悉的4P理论，即产品（Product）、价格（Price）、渠道（Place）、促销（Promotion）。过去产品运营的习惯是，天才工程师的创意落地，优秀的UI做好，再通过广播电视媒体铺天盖地的宣传，与此同时配合新媒体营销和战略公关，渠道布设后，计算佣金、毛利率，开始返点、返利、分成。传统的商业闭环非常重视渠道的作用，包括传统渠道创新和新渠道的运用，如天猫旗舰店、京东POP开放平台，其思维在本质上仍然是流量逻辑。

移动互联网的碎片化直接导致传统模式迅速失效，核心要素被深刻颠覆，场景成为入口核心。大姨吗的自制剧和电台场景，与其说是社区内容，毋宁说是新用户获取方式和分享主体。让用户多维度感受大姨吗"引导女性收获最佳状态"的愿景，潜移默化输出产品文化及健康知识，并以多频次的传播，打动用户内心，产品本身也因此获得关注，并形成可持续的、稳定的入口。

○ **场景延伸**

Brunch的新社交场景

"这年头，想要变得时髦，你得来一顿Brunch。"
"不是一种用餐，而是早晨与中午之间的美好时光。"
"它扫除这一周以来的焦虑与忧郁。"
"周末去书店吃Brunch才是正经事，用味蕾阅读周末时光，用书本料理新鲜心情。"
……

Brunch 场景

我们的朋友圈都曾被各种美好的 Brunch 刷屏。也许你没有听说过 Brunch 这个词，但你可能正在实践并分享这种生活。周末，不用早起，接到好友微信，正好可以来一顿放松的早午餐——Brunch。

Brunch 场景火爆朋友圈仅仅代表了人们对惬意舒适慢生活的渴求吗？其实，Brunch 真正吸引人的标签并不是悠然自得的"小确幸"，也不是主打的"健康"态度，它更重要的标签是——密友聚会的优选场景。社交、闺蜜，这些新生活关键词，让全新的 Brunch 场景开始品类化。Brunch 作为社交工具，已经成为全新的空间形态和餐饮方式。新元素餐饮受益于此，2009~2015 年，新元素在其他餐饮大鳄觉醒前悄无声息地快速增长达 6 年之久。

在北京三里屯 The Rug 享用一顿丰盛的 Brunch；或者在上海半岛酒店来一次英伦

下午茶。Brunch、下午茶构成了闺蜜聚会的连环新场景，整个过程中的拍照、分享、点赞、评论、转发……新的渠道逻辑重新界定了消费时间和停留空间，也创造了具有更高毛利率的新品类。

我们的各种"自 high"通过社交网络被几何级指数放大。过去，生活场景是空谷幽兰。在这里红袖添香，在那厢天伦之乐，与客户衣冠楚楚、侃侃而谈，与伙伴大碗喝酒、大块吃肉……"此间乐，不足为外人道"是我们的生活。现在，这些静态的场景正在被动态化的分享和传播所重构。上一秒在微信讨论群布置完工作，下一秒在另一个群里抢红包。甚至，很多餐厅已经开始提供以下服务——"帅哥/美女，这是本店的招牌菜，要不要先拍一下？我们再帮你们分一分。"这种动态的体验式场景不断在朋友圈更新，存在于我们每一次点赞、评论的动作中。动态场景将用户卷入，产品变成应运而生的场景，用户则成了产品自觉的传播者，传统互联网的流量逻辑被颠覆，场景成为新入口。

场景方法

LBS、支付场景的渗透、社交网络的便利，让大数据正越来越多地深入到所有产业。场景入口逻辑以此为基础，尤需要把握以下三个原则：

1. 不再是简单执着于产品研发，而是专注洞察新的场景可能。
2. 不再是拘泥于自我本位诉求，而是激发用户主动传播分享。
3. 不再是红海竞争性流量获取，而是新品类独占新场景红利。

场景诊断

对外经贸大学 EMBA 讲座

二零一五年四月四日

星期六

提问：

我们看到足记、脸萌、魔漫相机等具有社交爆点的 App，在朋友圈中火爆刷屏，但是它们基本上都是昙花一现，那么如何才能避免这种情况发生呢？

吴声：

魔漫相机、脸萌昙花一现的原因，并不是引爆错了，而是没有充分承接引爆所带来的变化。公司要持续运营好爆款产品，需要在三个层面上做好承接工作：一是数据层面，二是品牌势能层面，三是用户体验层面。

很多公司做到了数据层面，或品牌营销层面，却在用户感受层面缺失。这是因为，产品力不够强，没有形成用户体验和长期感受的累积，因此也就不会形成势能。累积的势能才是连接的机会。用户不能持续获得体验，产品自然昙花一现。

找到你的场景，就能找到你的人群。找到你的拥护者，就能够建设你的社群。拥有自己的社群主张，就有形成属于自己亚文化的可能。有独特的亚文化，就有互联网的内容能力，有互联网的内容能力，就有引爆的机会和资格，因为引爆的可能就意味着流量的获取开始进入我们的视野所及。我们需要的是系统的承接和沉淀。

● 场景诊断

黑马营第九、第十期分享

二零一五年四月九日
星期四

提问：
在中国，场景正在成为互联网的重要入口，但是我曾经做了一次为期两年的环球旅游，在其他国家没有发现移动互联场景对生活和商业的改变，您怎么看待这个问题？

吴声：

这种情况与国情差异有关。第一，中国移动互联网有很多技术上的创新，在全球处于较为领先的位置，这是中国场景创新的技术基础。

第二，中国巨大的人口红利，使与移动互联网有关的商业应用具有广阔的试错空间。尤其中国城市人口密集度高，服务人力成本相对较低，可以更方便实现交易匹配。

第三，中国很多领域存在信息不对称的问题，移动互联网带来信息的加速普及，形成了生活方式的快速迭代和重新洗牌。此前对于消费者个性化需求的满足不够，而移动互联网恰恰可以满足消费者的个性化需求。线下场景的缺失反而给了移动互联网促成线上场景与线下场景融合的机会。

举个例子，文具杂货店在日本和韩国类似于社区便利超市，中国却少此业态。现在互联网一代对文具的热情开始觉醒了，文具市场上，日韩创意文具尤其受到年轻人的青睐。通过分享，完成消费民主化的改造。而在欧美国家，就很难发生这种改造。因为无法形成高密度场景，而且没有迭代，所以欧美移动互联网发展没有呈现出中国这种繁荣的局面。

再比如 O2O，我们的快递和配送能力来自于劳动力价格的合理性甚至易得性，但欧美的快递配送成本较高，无法胜任高频场景的消费闭环，很难出现e代驾、云家政这样的公司。

场景链接

App 链接 /

快看漫画
【对不起，我只过1%的生活】激活了这个App，而后阑夕对刷屏文章的质疑才真正成就了100万+的下载。

小恩爱
情侣生活场景。

印象笔记
协作自己的跨屏也协作小组的跨界，一种信仰，关于学习生活方式。

微信公众号链接 /

罗辑思维
视频在优酷，社群长在微信，截至2015年5月31日，订阅号关注用户为440万。

顾爷
【女王范】【一亿元】为什么是必读的微信文案？

槽边往事
如果和菜头【下药这件事】的倒金字塔排比代表了一种微信语境的文本创新，也应该有兴趣看看其他的画面感图文。

图书链接

闲话闲说
阿城 著

虽为散记,通篇场景,貌似闲话,大抵见识。

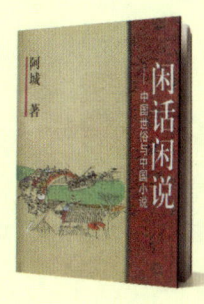

零边际成本社会
[美] 杰里米·里夫金 著

生产者也是消费者,消费者亦是产销者。在协同共享机制中,生产并分享一切。具有伟大商业模式的企业崛起于边缘,却是指数级增长。

互联网思想十讲
段永朝 著

关于消费社会和后现代的变化分析,可理解为场景的文化索引。

● 第二部分

支撑场景的核心要素

今天商业模式最重要的建构方式就是场景化，塑造场景化必须同时具备四个核心要素。

体验 [tǐ yàn]

"体验"作为商业逻辑的首要原则,将大范围、多维度重塑和改造场景。

链接 [liàn jiē]

基于移动互联技术和智能终端所形成的动态"链接"重构,让场景能够形成一种多元的碎片化。

社群 [shè qún]

社群感、亚文化形成内容能力的可复制,造成大规模传播和用户卷入感。

数据 [shù jù]

大数据成为量化驱动场景商业模式的底层引擎和枢纽元素。

第四章 「体验美学」重塑新的商业价值逻辑

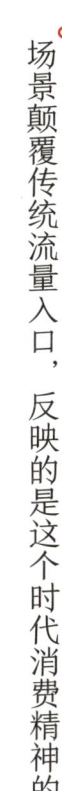

场景颠覆传统流量入口,反映的是这个时代消费精神的变化,是基于体验美学的场景经济范式。

为用户提供价值,需要新场景的解决方案——为用户创造超越期待的体验,建立与消费者的情感连接。

让用户给品牌(产品/社群)作贡献,比让利给用户更重要、更有价值。

美图秀秀到底是工具，还是社区？

美图秀秀系列产品

不用美图秀秀的滤镜，你还敢秀自拍吗？为什么"自拍"会成为一个产业？为什么 Photoshop 会成就独角兽公司（指 10 亿美元估值公司）？为什么卡西欧自拍神器的主打款是粉色？为什么美图秀秀要从工具型的软件进化为社区？为什么在智能手机的红海竞争格局下，美图秀秀仍要坚定推出美图手机？

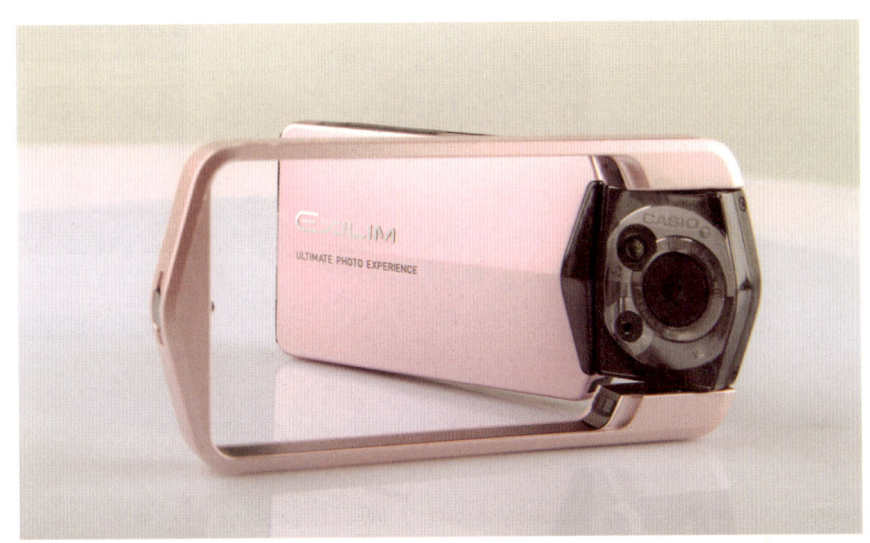

卡西欧自拍神器

正如互联网手机不是手机,美图手机也并不是手机。从消费者时髦的自我表达方式来看,美图手机毫无疑问代表的是中国的 Instagram,代表更好的滤镜,也代表我们可以轻而易举制作一张微博和微信的头像,代表我们在社交平台状态的更新,代表更加自信的生活态度。

这时,喜欢自拍的女生还会去挑剔美图手机的价格吗? 如果你在意自拍,美图手机与美拍的关系就是最好的购买依据。

我们判断的方式变了,判断的标准变成了"体验"。

○ 场景洞察

我们可以说美图是美图秀秀、美颜相机,也可以说它是美图手机、美拍视频,甚至可以说它是美图社区。在不同定义模式下,美图秀秀 4.89 亿用户的价值有何不同?

美图秀秀与 Instagram 代表自我状态的更新

如果是美图秀秀应用，我们假设它 1 亿用户的价值是 1，那么美图社区的价值就要乘以 10。换句话说，如果说它仅仅是个工具应用，其价值就要除以 10。美图商业模式对标的是"移动＋图片＋LBS＋社交"。想想 Instagram 截至 2015 年 1 月超过 350 亿美元的估值，我们大致可以理解这种模型的商业价值。

今天说的产品创新，是指新的品类或者是跨界的混搭。之所以能够形成这些创新，就是因为今天的场景体验构成了商业价值的首要维度。我们判断人的社交活动、娱乐活动、商业活动，乃至互联网上的虚拟活动时，体验都是理所当然的核心标准。基于此的定价规则也由价格敏感性变为价值敏感性。

在此之前，价格敏感性是优先标准，这个标准依然会长期存在，但在今天碎片化生态、传播和情境里，"体验"是决定用户消费意愿、消费动机乃至最后转化环节的核心。当代表价值敏感性的体验成为首要法则，体验经济成为圭臬，它对于既有的商业模型和产业逻辑都产生了深远的影响。唯品会以限时特卖切入，但长期稳定的发展却来自二、三线城市网民对优质商品更低成本的体验黏性。

同时，我们越来越愿意为自己的"懒惰"付费，所以O2O极速崛起。体验已不只是解决痛点，更多时候，体验解决的是甜点、痒点、尖叫点和兴奋点，这才是引爆点。场景作为流量入口的一种颠覆，反映的是这个时代消费精神的变化，是立足体验美学的场景新方法。

体验经济框架下，所有的营销问题都应当以战略问题作为思考起点。对营销的理解，也是我们对产品的理解，它包括对以下问题的解答：

- 产品到底重要不重要？
- 要不要极致单品？以用户体验为中心，对于产品研发意味着什么？
- 是否需要众筹，要不要众包？
- 如何看待新的电商模式？
- 是以特卖来走量，还是找相关微信公众号来首发？

我们注意到，通过流量来放大用户价值的做法已经不再适用了。

在线图书销售的竞争非常激烈，京东、亚马逊、当当发售的新书几乎都在打折，就是因为这个市场是高度价格敏感性的，只要京东比当当便宜了0.5元，10年之久的当当用户就可能迅速"弃当从京"了。也就是说，当我们无法满足价值敏感性时，用户就会计较价格敏感性。

目前流量带来的价值仍然很高，但流量也最不值钱，因为流量在传统的电商模型里面只停留在用户的功能满足层面，而这个层面，是基于价格敏感性的存在。

○ **场景延伸**

航班管家之"机票抢票"

Aimee 是北京一家公司的高管,上午被告知下午要紧急出差去上海,但是合适时间的机票已买不到了,怎么办呢?

经常出行的人士,总会碰到需要紧急出差的恼人时刻,但对于一些热点航线如北京到上海来说,当日或次日的票经常会卖光,这时候,通常只能改坐火车或推后时间,这很可能导致事情被耽误。

航班管家的"机票抢票"功能,源于每趟飞机都有一定几率的临时退票和预留座位取消的情况,但这种情况的发生又是未知的,是用户无法提前获取的信息。用户在使用航班管家 App 的时候,先选择好航班号或时间段,并预先付款,后台就会持续帮助用户刷新,一旦有符合需求的机票出现,迅速锁定机票并通知用户。

目前"机票抢票"的成功率是 50% 左右,对于高密度出行的用户来说,无疑是非常贴心的一项服务。它使得用户临时出行的安全感加强了,说走就走这件事变得越发靠谱。

完美旅程你我同行 | 扫码领走航班管家 30 元机票代金券

航班管家之"廊桥 & 摆渡车"

我们坐飞机,通过廊桥和摆渡车登机或离机的情况都会遇到,相信大多数人更喜欢廊桥,尤其在南北方温差大的季节。

最尴尬的到达场景是:12 月从三亚度假结束飞回北京,大半夜寒风凛冽,穿着短袖的乘客下飞机后要走上摆渡车,拿到托运行李后再哆哆嗦嗦找外套。

针对这个痛点,航班管家也考虑到了乘客在起飞和到达时的细微场景需求。在用户通过航班管家预订机票并订阅航班动态后,它会通过一个大巴车的小标志来告诉用户出发和到达分别是哪种情况,是否需要随身携带增减衣物。

航班管家之"儿童机票"

带小孩出行时,好多父母都能讲出痛苦的经历,其中给小孩买机票也是一大痛点。航空公司规定儿童票的价格是成人全价票的一半,所以家长们经常遇到自己的机票 2 折,小孩机票 5 折的问题。更不用提买票流程的复杂和模糊,因为信息错误而引起的退票损失时有发生。

航班管家的策略是自动帮用户判断,如果家长的票是 5 折以上,小孩即默认 5 折儿童票;如果家长的票价是 5 折以下,则自动帮小孩按成人票价出票。家长再也不用担心在小孩的机票上花"冤枉钱"了。

航班管家是 2009 年发布的出行类 App,主要为乘客提供航空出行中的信息和交易服务。从以上的细节可以看出，航班管家无论是早期的信息服务，还是后来的交易服务，都在追求用场景描述用户需求，用服务来满足用户需求。这种服务对于订单、收入并没有直接影响，且有较高的数据运算成本，但对于以口碑为生命的 App 来说，让用户在特殊场景下有好的体验，是比订单增长更重要的优先事项。

○ **场景方法**

摒弃传统的流量思维，要为用户创造新价值。如何做到这一点？场景的解决方案正是为用户创造卓越的体验。

我们可以从如下三个方面来塑造用户的卓越体验：

- 塑造体验的层次感，体验的层次感决定了场景的真实性。
- 体验要有细节，细节足够真实，才能吸引用户加入。
- 提供基于长期消费伴随的拥护者养成类体验，并把控制权交给用户。

体验层次决定了场景的真实性

前文提及，渠道即连环的体验场景。正是这种连环场景中构建的体验感层次，决定了场景的真实性。体验层次表现为，体验带给用户的满足从功能到利益、从信任到知识层层递进。能否成为真实场景，取决于体验感的这种层次组合是否可持续。

以购物场景为例，京东的应用场景是正品、低价、快速，它满足了电商的基本功能。更进一层，朋友圈的场景是信任，需要分享有质量的内容强化信任，所以优秀的微电商（如有赞微小店、口袋购物微店）相较于传统电商，对用户的体验满足程度又进了一层，势必会进化成新的购物业态。第三层，"gogoboi""凯叔讲故事"这样的微信公众号在持续满足用户的好奇心、缓解用户焦虑的同时，不断推进用户体

种类繁多的场景应用

验层次。类似的场景应用还有知乎与果壳,果壳推出"在行"这样的技能交换平台之所以有价值,就是因为场景足够真实,基于分享的技能和知识需求也非常清晰。

体验"细节"是场景成为流量入口的要点所在

不仅是层次,体验还要有细节才足够真实,从而吸引用户加入。因此细节是场景成为流量入口的要点所在。细节就是基于场景的互联网入口。

举个熟悉的听课场景为例,一个保温杯、一支笔和一个本子在一起,配上iPhone或者三星手机,就意味着听课场景的解决方案。

Moleskine 的笔记本

iPhone 和三星手机的价格是非常明确的,保温杯、签字笔、本子的价格则不确定,这时用户往往愿意为它们支付更高的场景溢价。在这个场景里面,我们开着 iPhone 的录音功能,用象印保温杯喝水,然后对触动自己的关键词闲闲一笔。这种场景下,用户获得了此时此刻的体验,自然愿意为构成场景的体验细节付费。这种有细节的场景需求,就可以形成解决方案,成为流量入口。

同样,当提到新元素餐厅时,为什么脑海中反复想到的是大杯果蔬汁、煎蛋和沙拉?我们中很大一部分人可能都分不清什么是凯撒沙拉,什么沙拉要浇油醋汁。但是在更多细节的铺陈里面,这些单品本身就会变成一种"关系标签"。

关系标签,就是一种体验细节的亚文化符号。你拿的是 Lamy 的笔,物以类聚;用的是 Moleskine 的本子,人以群分。但是"关系标签"也会被快速迭代。3 个月前被定义为有调性,今天就可能会被定义为矫情。在这种关系标签迭代的背后,是流量入口的消费逻辑和细节的变化同步更替。

再举一例,iPhone 和朋友圈已成为今天最基础的生存状态。为什么所有人在用 iPhone 时,iPhone 并没有成为"人云亦云"和"随波逐流"的标签?为什么

iPhone 能够始终代表一种"正确"？因为每个 iPhone 中不同的 App，代表了不同人格。

在 iPhone 中，如果装的是航班管家、航旅纵横，你一定是商旅达人；装的是蚂蜂窝、穷游，你是文艺旅行青年；装的是 Candy Crush、保卫萝卜，你可能是一个地铁通勤青年；装的是橄榄办公 PPT、QQ 企业邮箱，那么你是一位资深白领；而当你装的是虎嗅、36 氪，则很可能是一位 IT 宅男，更有可能是互联网创业者。

在 iPhone 正确性的背后，场景在不断划分出更多的应用细节。这种场景细节，就是 App 人格。在某种意义下，App 人格比我们自我定义的人格更加准确，这就是我们生存的现实。

正因为如此，iPhone、微信朋友圈以及 H5，现在已是移动互联时代最基础的生存配置。生活方式变化的这个细节，使得智能手机、移动 App、社交平台成为新的流量入口，并且地位益发牢固。

伴随养成类的体验——控制权交给用户

体验场景重塑商业逻辑的最后一个秘笈是，基于长期消费伴随的拥护者养成类体验。这已经成为今天品牌有机会成为一种故事、一种场景、一种生活习惯和文化形态的方便法门。

2015年4月6日是小米诞生5周年。5年以来，小米MIUI一直保持着每周迭代的速度。MIUI并非通常认为的系统迭代更新，它的每一次更新，都伴随着用户的参与，这也代表了用户黏性的维系。这个时代，让用户给品牌或产品作贡献，比让利给用户更重要、更有价值。一个用户，一旦为企业作出了贡献，捍卫过企业一次，那么此后他所有的拥护和捍卫，都是对他自己的捍卫，这时企业和用户成为了一致行动人。所以让我们的用户参与我们的微信公众号、官方微博的活动乃至O2O的线下活动，作出一次贡献吧，因为这一次贡献很可能就锁定了一个终身的拥护者。

趣分期大学生消费金融

现在很多商业手法，包括线上微店、线下地推，就是在抢占消费不断前置的入口，形成一种长期的消费伴随。例如分期乐、趣分期等大学生消费金融，会形成长期的数据关系和信用关系。而大学生毕业后最有可能成为超前消费的主力，这种抢占前置的消费入口及信任关系的绑定，是商业模式在大的逻辑上能够成立的首要前提。这个模式最终是否能够形成闭环，关键在于消费者和企业的关系是不是能够形成足够强的关联，用户是否能跟着品牌一起往前走。这也会决定谁是细分领域最终的赢家。

"伴随"还表现为品牌与用户之间情感的共鸣。当星巴克的包装变为红色时，我们会自然而然地想到是中国的春节到了，这不需要过多思考，它

已经变成了一种生活印记，带给用户的是沉浸式体验。

TFBOYS 在年轻人中迅速崛起，是因为他们的歌唱得好？有人肯定会说，他们唱歌、跳舞都不怎么样，但是他们足够努力呀。粉丝对这个组合的情感是由持续的投入养成的。这个时候，TFBOYS 唱歌跳舞怎么样不重要了，重要的是他们在粉丝的意见和建议里长大：他们的发型是不是采纳了我的建议；他们的舞姿根据我的意见是否改得更好。关键是我们自身的情感投入。很多明星偶像团体在养成的过程中，伴随体验已经变成了我们自己内心情感的投射。

韩国演艺偶像团体 EXO 前成员鹿晗更是典型，这位微博转评吉尼斯纪录获得者的粉丝彬彬有礼，理性温和。而且在是否单飞，如何参演影视等重大战略抉择上，粉丝们也是建设性与团结并重，有荣誉感，更有大局观。我们和品牌的关系，有时候也是如此。

在这个意义上，品牌需要把控制权交给用户。

可能我们现在对于"控制权交给用户"这 7 个字还是将信将疑。但现实中，已经有先行者做出了成功的示范。

VICE 在一次与北面（The North Face）千万级广告的合作中，约定不出现北面的品牌商标。为什么北面敢这样做？因为 VICE 的创意是要拍一部纪录片，《探寻地球上最荒凉地方的人》。当我们去探访地球上最荒凉地方的人时，肯定要穿冲锋衣、防寒服、登山靴等专业装备，这时候观影的用户会主动探寻这些装备的品牌和款型。也就是说，是用户主动在寻找北面的商标。在 Twitter 上这是一个热门的话题，在 Facebook 上也是极具关注度的账号。这就是我们想要的，是用户的主动发现，而不是品牌自身简单地推送。当我们真正把控制权交给用户的时候，引爆点出现了。

第五章 『空间链接』变成了新场景的定义指导

团购场景、打车场景的背后隐含了互联网时代生活方式和消费形态的升级,这种变化更多的时候带有极强的赢家通吃效应和链接的乘法效应。

不要恐惧泡沫,国外有句谚语叫『没有泡沫的啤酒不好喝』,这个时代没有泡沫就意味着无红利可言,无顺势而为,何谈因势利导?

美团如何成为电影票房冠军的幕后推手？

2015年4月18日,第五届北京国际电影节搞了一个很有互联网特色的活动,叫"电影频道·华语电影新焦点单元推介盛典——聚光e夜"。美团网CEO、猫眼电影CEO王兴代表猫眼电影领取了"年度购票神器"的奖项。

《速度与激情7》海报

在获奖感言中,王兴透露,猫眼电影已经占到网络购票 70% 的市场份额,仅在 2015 年 3 月猫眼电影就卖出了将近 3000 万张票。当时热映的《速度与激情 7》的首日票房中,猫眼电影贡献了一半。

王兴用"三个超越"总结了猫眼电影利用互联网给电影带来的变化:第一,电影选座购票超过电影团购购票;第二,猫眼电影 2015 年的评分人数超过主要同行的总和;第三,线上购票超过线下购票。这三个变化都是非常惊人的。而在 2015 年全年,随着全国票房预计增长至 400 亿元,在猫眼电影的交易票房也将达到 150 亿元。

除售票外,猫眼电影还为消费者提供观影指南、在线选座、互动交流等围绕电影的一站式服务,覆盖了从决策、购票、观影到评论的全过程,成为一个集资讯、社区、电商等功能于一体的电影 O2O 平台。事实上,通过打通线上线下,连接用户、影院、片方三方,利用"低成本、高效率"等互联网优势,猫眼电影等电影类 App 已长成了一个互联网电影新物种。

扫二维码 5 元美食券免费领
美团对活动规则拥有最终解释权

○ **场景洞察**

网络环境和生活空间正不断融合，带来新的跨界，从而定义全新的场景，也帮助我们创造全新的品类。

链接的乘法效应是移动互联时代的指数思维

我们每个人都已习惯了在微信的讨论群里，在自己的关系链中去分享各类打车券、优惠码。滴滴打车、Uber 等企业追求的不是与出租车比拼价格的高低和毛利率，而是重新塑造一种生活方式和 App 依赖度，形成下意识的场景联想，甚至形成一群人的社交方式——你不用这些用车 App，就会变成异类。

如同两年前年轻人不用团购券，就代表了"非我族类，其心必异"，这与财富本身没有关系，团购代表了互联网时代年轻人的"理性乐观派"。今天，打车应用也代表着我们生活的方式。所以，团购场景、打车场景的背后隐含了互联网时代生活方式和消费方式的升级。这种消费形态的变化，带有极强的赢家通吃效应和链接的乘法效应。

O2O 是以人为中心的线上线下接触点管理逻辑

O2O 是一种特别讨巧的表述，可以说是 Online to Offline，也可以说是 Offline to Online，但归纳起来，究竟是 Online 还是 Offline 并不重要，重要的是消费者的接触点管理、消费者的支付依据和支付逻辑。有支付场景，才能形成一个完整的消费闭环，这就是移动互联时代倡导的全渠道链接概念。

从这个意义上看，58 同城、淘宝、百度等流量平台，如果不真正基于人去重新定义分发渠道，入口格局就会被颠覆。O2O 的本质正是这个时代的全渠道特征，是对消费者基于线上、线下自由切换和无缝连接的接触点管理。这同样是微信支付与支付宝不断攻城略地的主要动因。抢占消费者接触点，用支付场景锁定消费者的行为习惯。这也是滴滴、快的合并前补贴大战的背后原因：它是两种支付工具的场景之战。

O2O 的营销逻辑是以人为中心的逻辑，不是砸广告，不是 TVC，更不是冠名《中国好声音》或者《我是歌手》。大片模式属于存量时代最后的红利，电视广告等一切我们能感受到的所谓营销价值，正在等待着更加集约式的改造。

泡沫意味连接红利的可能

很多创业者会说，这个时代的泡沫如同蝗虫过境，寸草不生。但从市场的角度讲，泡沫是合理的，创新不是基于存量的博弈，创业也一定不是温良恭俭让，如果一个产品的市场均价是 79 块钱，没有规定说我们就不能低于 79 块钱，低于这个价格要亏损。所以，其中一定有本质的东西发生改变了。这是不是泡沫呢？它需要具体分析，但前提是我们不要恐惧泡沫，国外有句谚语叫"没有泡沫的啤酒不好喝"，所以有泡沫就恰恰证明了市场的显性化存在，没有泡沫哪有红利可言，没有泡沫更无顺势而为。

我们要做的是用好泡沫：
1. 要在泡沫中长出自己的翅膀。
2. 在顺势而为的过程中，迅速让自己的肢体强健起来。
3. 要迅速让市场知道你的存在。

○ **场景延伸**

易到用车·身体和灵魂都在路上

人们说，身体和灵魂至少有一个在路上。2015 年 4 月 23 日是世界读书日，易到用车特别上线了"单读"车型，联合单向空间（单向街书店），给所有爱书的人悉心奉上甄选书籍，让用户在乘车的路上，与书相伴。

身体和灵魂，这次一起在路上。

用户在手机上打开易到用车 App，并滑动选择车型至"单读"选项，成功下单后，即可在车内阅读。所有单读车型均为舒适型沃尔沃 S60L，车内提供了书店精心选择的书籍、特别订制的贴纸、明信片和帆布袋，并有荧光笔和碳素笔供乘客在阅读时做标记和记录。用户可在书籍上写下阅读感受，或仅强调一句打动你的句子，传递给下一位乘客——虽然你们可能一辈子都不会相识。如果乘客看到喜欢的书想带走，可以发送"书名 + 喜欢理由"至易到用车官方微信，就有机会免费获得这本书。

易到用车是专车服务平台，倡导的是"让一切美好更易到"的理念，而单向空间致力于提供智力、思想和文化生活，认为"读书"是发现和培养美好的过程。这两个场景在世界读书日的节日场景中，实现跨界连接，是 O2O 的创新尝试，打造了"路上阅读，座位思考"的场景化生活。它提醒人们在繁忙工作之余，不要忘记阅读的习惯，同时也强化了易到"极致出行服务"的品牌形象。此外，它也带动了单向空间书店的实体销售，多方共赢。现在甚至可以看到易到用车和谷物品牌家乐氏联合推出了"专车早餐"，和静佳 Jplus 推出了"香氛专车"。

所以请思考，易到用车还仅仅是提供用车的服务平台吗？

扫码领取 70 元易到优惠券
易到用车享有该活动最终解释权

易到用车『单读』车型

第二部分｜支撑场景的核心要素｜089

○ **场景方法**

链接的乘法效应表现在商业模式上就是拥抱指数级增长的变化。空间的链接方法实质是通过场景几何级数增长来生成衍生巨大增量的市场。

我们可以从四个方面来完成空间链接：

● 让场景演进为生活方式，譬如跑步，不断细分慢跑、夜跑、半马、全马的过程就会连接出新的产品机会和产业价值。譬如在7-11、罗森等便利店里就餐。

● 场景标签化，把场景塑造成亚文化载体，譬如酒吧，综合德州扑克、杀人游戏、桌游、公司小型聚会、专题发布、微路演，就会形成主题定价模式。

● 基于用户为中心的全渠道化，让线上模拟线下，让线下对标线上，让移动端改造PC端，让京东拍拍小店替代淘宝小铺，用垂直整合的方式让全渠道变成场景乘法。

● 多屏联动也是空间链接指数级增长的具体表征。从PC端，到手机屏、iPad，再到智能电视、车载显示屏，每增加一个信息承载与互动体验的分屏，就意味着多一个乘法指数。在这个过程中，用户持续的跨屏迁移与互动，以及相应地在横向空间、纵向时间上的衔接与整合，本质上是在争夺更多信息空间产生的用户黏度，及其带来的溢价。

第六章 「社群」是场景的动力机制

我们要思考,到底是流量需要我,还是我需要流量。

商业,就是忘掉生意、忘掉商业,是去思考我们和拥护者的关系。

如果场景自身不能具备一种亚文化的力量、亚群落的表征和社群感,它将不具备拥有大规模用户和商业应用的可能。

被年轻人淡忘的月饼如何通过社群引爆微信朋友圈？

2014年7月18日,"罗辑思维"发起了一场用互联网改造传统商业的有趣社群实验,并挑选了一个让大家越来越没感觉的产品——月饼,目的是探索微信这一特定场景的电商玩法,测试各种社交关系转化销售流量的极限边界。

真爱月饼

这场实验被定义命名为"真爱月饼"。在 13 天的实验中,"真爱月饼"的参与人数达到了 2,698,790 人,月饼的商品页面被分享了 1,036,059 次,"罗辑思维"微信商城销售月饼多达 40,380 盒。

为什么传统到极致的月饼却成了引爆市场的机会?"社群"和"场景"成为了关键词,月饼不再是物理属性的产品,而成为有故事、有人格、有温度以及有参与感的社交游戏。通过这个游戏,小伙伴们可以同时完成三件事:

1. 测试真爱。
2. 散尽节操。
3. "白拿"月饼。

于是一连串游戏规则被"罗辑思维"和有赞开发出来,你可以"向一个人撒娇要月饼",还可以"向多个人逗趣要月饼"。当然,如果你节操爆棚,还可在每日节操榜上怒刷存在感。如果有幸成为节操王(收到月饼盒数最多者),中秋节,罗胖还会邀请你到神秘赏月地点一起相拥"晒月亮",往返机票及顶级度假酒店的费用,由"罗辑思维"埋单。

○ **场景洞察**

这个案例中,月饼被植入社交游戏场景,所有交易变成了"示爱"的社交游戏。

"罗辑思维"其时拥有 256 万微信订阅用户,日均活跃人次 30 万~40 万,在这样一个用户众多、活跃度较高的社群环境中进行的实验,最后得出了这样的结论:社群形成的势能,是推动场景商业化的动力,没有社群场景就无法形成势能。参与度、活跃度颇高的微信用户在朋友圈互相攀比,相互傲娇,朋友圈被一次次洞穿。送礼,是节操,也是人品指数,变成了社群狂欢。

再看一例。早在 2008 年,维珍航空鼓励乘客"约"吧:约空姐、约空乘,到了目的地后去酒吧喝一杯。航空公司不是应该反对空乘人员和用户调情吗?为什么维珍航空要逆势而为?有性格的维珍航空让众多出行者趋之若鹜。这个事例中,我们能明显感觉到,有亚文化能力的产品形态和有亚文化特征的表达,往往占据着营销最有利的地形,可以轻松脱颖而出。

维珍航空『约空姐』

"维多利亚的秘密"运动文胸

○ **场景延伸**

运动文胸大行其道的新场景

众所周知,"维多利亚的秘密"是性感、华丽的代名词。但在 2013 和 2014 年除了基本的内衣主打款外,销售额增长最快的品类,一个是运动文胸,另一个是瑜伽服系列。

扫码观看"维多利亚的秘密"泳装大秀

运动文胸就是典型的新场景，也是一种社交感、身份感的确认。今天，健身场所的意义改变了，这里成为很多男生观察女生，看她卸妆以后是否依然表里如一的绝妙场景，所以男生开始带女生去健身场所。对女生来说，传统的文胸不奏效了，运动文胸自然大行其道。这种改变隐含了两个新的场景：一是女性瘦身和锻炼的健康生活；另外一种可能是女生主动追求心仪男，或者如前所述不得已被渣男"考核"。这两种场景足够真实，运动文胸因此从单品扩展为新的品类。

同样，瑜伽服的重要性不在于瑜伽房里热火朝天的拉伸和呼吸。练过瑜伽的人都知道，瑜伽课定价不菲，因此身着瑜伽服的行走能够传达三种信息：有钱、任性、有闲；对自己的生活品质，身心健康有要求；最重要的是追求我大可安心，我柔软的身心代表了温柔的传情达意。此时，瑜伽变成了身份和细节的独特标签，也塑造了新的场景。

什么时候瑜伽？什么时候烘焙？什么时候插花？什么时候跑步？为什么晚上 9 点钟我要在朋友圈放上 New Balance、Asics 或者至少是 Nike、Adidas 的跑鞋呢？

不要认为跑步就是跑步、瑜伽就是瑜伽、素食就是素食。甚至有人说我喜欢内观、喜欢冥想、喜欢太极，我们听说开始都是真的，后来都慢慢变成假的。但是这个时代或许从一开始，就会告诉你只有假的才是真的。喜欢跑步，比跑步更重要，是因

Asics，全球四大跑鞋品牌之一

为我们对于自我的心理暗示，对于这种场景的描摹、还原和定义方式，代表了我们的一种自我确认和时尚表达。这种自我确认，在绝大多数的时候，又有赖于我们社交关系的确认和社会网络评价的确认。

○ **场景方法**

理解移动互联网时代的消费精神

场景之所以能够成为碎片化的新流量，与这个时代商业基础逻辑的解构息息相关。而要理解现代商业的底层逻辑，主要就是理解移动互联网时代的消费精神。这种精神具有六个鲜明的特点：

1. "想要"而不是"需要"。
2. 追求即视感，所见即所购。
3. 态度比功能重要。
4. 追求价值敏感性而非价格敏感性。
5. 自我表达与小众认同超过大众评价。
6. 社交网络评价大于现实沟通评价。

这种消费精神的外在表达，恰恰是社群感、亚文化这种可复制、大规模传播的内容，使得用户被卷入。"那段时间，没看过《穹顶之下》，我都不好意思跟人打招呼，不能和别人愉快地玩耍，好好地聊天"。在这个时候，内容未必是重要的，重点是我们受制于自身的订阅、关注、通讯录、地址簿，在自己的信任链条里被卷入。有人会说我是独立的，我是健全的思考者，何来被卷入？但是订阅关系让我们不自觉地成为了一种亚文化群落的元素。所有的选择，都是我们自己的"穹顶之下"。

我们始终以微信作为分析节点，但必须留意，在中国微信和 Facebook 一样，在很多年轻人眼中已是熟视无睹。美国还有 Snapchat 和 WhatsApp，中国还有陌陌和 same。

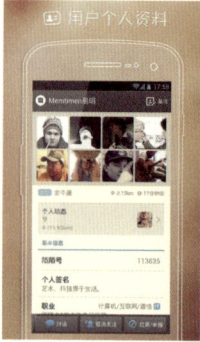

塑造场景力

个性化的场景生态是以人为逻辑、以体验为核心、以连接为中心、以社群为最大公约数的商业环境。今天判断一个企业能否进行产品迭代，能否快速形成一种消费主张，很多时候是看它对场景本身的定义能力和对亚文化社群的影响能力，我们称之为场景力。

当企业具备这种场景力，就会发现所有的问题迎刃而解。这是因为，在不同的场景里，用户痛点和痒点的维度是不同的。当企业能够准确定义场景的时候，就能够精准定位足以引爆自己品牌或产品的亚文化社群，定位社群中目标用户的痛点和痒点。

认识社群的本质：同义反复的生态

社群是场景的商业动力，是新商业生态的 DNA，其本质是同义反复的生态，借此形成大规模的内容传播和用户参与，是场景力以社群形成的亚群落内容重新定义商业形态。

在日本，不管是东京还是北海道，或是大阪，你会发现手机壳的销售，没有一个商城会缺席《海贼王》。一个小小的调查，在日本《海贼王》的手机壳配饰销量连续

【海贼王】手机壳

7 年位居三甲，连续 5 年高居榜首。《火影忍者》《银魂》《海贼王》在日本有庞大的亚文化生态圈，有一个庞大的贴着它们标签的社群在活跃。2014 年脸萌的流行多少也拜《海贼王》所赐。

2015 年上半年，我们身边那些年轻的小伙伴的微信头像出现了不少两点一线、白白的配饰。不要奇怪，他们都是大白的爱好者。大白是电影《超能陆战队》中的一个形象，"我们如此匮乏理解，我们的焦虑无处安放"，大白的出现恰逢其时。在迪斯尼的内容 IP（Intellectual Property）强劲运营下，大白与大众情绪一拍即合，成了治愈系文化的代表，它意味着粉丝的形成、亚部落的形成，意味着拥趸的强劲购买力和认可度。而《哆啦 A 梦：伴我同行》3D 电影的流行与一度风靡上海、北京的哆啦 A 梦秘密道具展，本质是成百上千集的共同回忆。

上面这些标签，无论是什么类型亚文化的代言者，都能通过小众的趣味去引爆大众的流行。所以，不要面面俱到，我们要去探究如何找到自己的亚群落内容。

冷冰冰的科技产品又如何通过群落进行传播？

传统上，我们强调产品的科技感很强，但今天依靠科技感很难凸显产品的差异化。汪峰向章子怡求婚时那个搭载着钻戒的大疆无人机，这一场景的引爆，让大疆成为无人不晓的品牌。

全中国做无人机的企业大大小小将近700家，谁都觉得自己的技术很强。因此技术上已经很难体现识别性。但是如果产品能够人格化，将它变成连接的标签，抑或变成了一种小众生活的态度，这时定价策略就会变化。只要是基于价值的敏感性，我们传统的加价率和毛利率考核法则，就会发生翻天覆地的跃进。当我们有足够的内容价值，产品就会有人格的魅力，甚至有温度感和参与感，我们就可以获得超额的利润。当然也许有人会说，这是不是意味着我们可以无限提高定价呢？不是，恰恰我们应该以更高的性价比，来定义我们和拥护者之间的关系。

大疆无人机

用社群引爆话题营销

电商营销实务有一个基本运营术语——"爆品"（B2C 电商叫广告商品），相较于其他要做高毛利率以获取利润的商品，"爆品"的质量要比其他商品好，价格要比其他商品便宜，这样才能走量。爆品代表了最富性价比的用户获取能力。消费者会自然形成这种联想，"这个 39 元这么好，那他们家 79 元的应该也不错。"这种做法未必一直对，但它传达的消费者心理是有道理的。

要摆脱以爆品为代表的价格敏感性原则，就要升级我们的营销方式。口袋购物在创立之初，和美丽说、蘑菇街一样是基于淘宝的导购平台，后来才变成了口袋购物，一个全网导购平台，2013 年年底又推出微店。然后我们发现，基于移动互联时代的、以人为中心的交易方式的变化，使微店具有成为未来信任交易入口的可能性。这也就意味着口袋购物摆脱了传统估值模型和定价方式的局限。所以只有回到以人为核心的垂直突破，我们社群运营的方式才会真正形成新的产品形态和新的内容形态。从口袋通到有赞微小店，有赞的迭代也是如此。所以有人说，微电商是始于品牌，乱于个人，兴于社群，重构于平台。

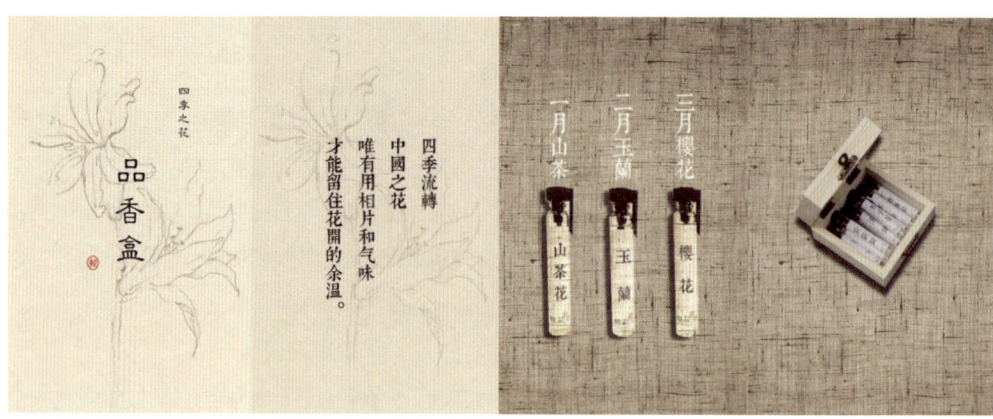

我们看到墨迹天气有商城,辣妈帮有商城,陌陌也有礼物商城。这背后的逻辑就是当有大量的长尾流量时,传统的流量思路要被颠覆掉。长尾流量并不意味着流量很少,陌陌、快乐孕期、辣妈帮的用户量都以亿为单位,但它们没有产品的解决方案、没有商品内容。如果谁现在基于女性健康、女性生理周期和女性情感提出一整套的解决方案,将这样的产品分发,分发给大姨吗和美柚,分发给女性公众账号"她生活"和"大忘路",巨大商机不言而喻。

设想一下,假如我们推出一个姜汁糖茶的产品,会选择在哪个电商平台首发?京东或者一号店?答案也许应该是在大姨吗和美柚。大姨吗和美柚是基于女性生理周期和健康管理的 App,已经形成了女性互联网消费者的条件反射,以女性为目标客户的产品,没有什么平台比大姨吗或美柚,更能够合乎情理实现精确的匹配。

到底是流量需要我,还是我需要流量?我们对流量嗷嗷待哺的同时,必须看到流量对我们也是望眼欲穿。一旦真正理解这个道理,就会发现产品的 SKU(Stock Keeping Unit,库存量单位)变了。

例如，拉斯维加斯的电子展，作为数码极客，是不是要来一次说走就走的旅行？新一季美剧，粉丝们是不是该早早预订机票参加一次首映礼？作为著名设计师的忠实拥趸，在 H&M 跨界版面前，哪怕是凌晨排队，也要抢到川久保玲的限量版。

这就是以人为核心的社群思路。商业就是忘掉生意、忘掉商业，是要去思考我们和拥护者的关系。用户不再是用户了，而是拥护者；品牌也不再重点突出自己产品的功能，而是要突出它和用户有情绪共鸣的结合点。

找到自己的亚文化标签，去建设微信公众号，去使用微博、知乎、豆瓣、果壳、贴吧等所有的新媒体矩阵，从一个产品运营者进化为用户经营者，才能真正迈出移动互联网的第一步。

○ 第七章

『数据』让场景精确匹配用户需求

今天是一个数据运营、用户经营的时代，场景的背后是可量化的数据。

数据流动性越强，生成的结构性也越多；使用者关系越清晰，新场景的创造也越清晰。

> "全城示爱"一役，如何造就广告主、平台和用户的多赢？

场景背后是新型的 CRM 系统构建，是数据产品建模和输出成为场景底层逻辑，是智能终端与结构化数据下的全场景体验。这种数据的挖掘和监测过程，可能是 WiFi、是 O2O 支付，是可穿戴智能设备的传感器、智能空气净化器以及互联网汽车。

甜蜜弹幕飞进写字楼

每年情人节，都意味着一大波商机的来临。从鲜花、巧克力到影院、餐厅、酒店，商家借势营销的手段翻云覆雨，广告战如火如荼。但在 2015 年情人节，分众的楼宇电视却撤下了全时段广告，改播《大话西游》《将爱》等电影片段，为用户开通了一个无门槛表白平台，并用当下流行的弹幕形式，呈现示爱内容。

这一独特的表白方式,迅速在微博、微信、百度贴吧等线上平台引爆关注,收获大量参与。为期20天的活动结束,微信公众号"全城示爱"收到示爱条数超过160万,粉丝数增加逾21万。而通过赞助形式,与分众合作的品牌商家也获得了大量曝光度和转化率,"全城示爱"一役,造就了广告主、平台和用户的多赢。

"全城示爱"共为表白者发放了诺心蛋糕、德芙巧克力、携程抵用券等礼品106.5万份,广告主得到了大量曝光,用户得到了精准传达的示爱平台,分众则在展示弹幕新玩法之外,打造了线下液晶屏和线上手机屏互动的全新模式。

白吃白拿分众专享红包

二维码有效期至2016年1月1日

○ **场景洞察**

分众是生活圈信息平台,在传统媒体由于资讯入口变化而受到重大影响时,分众利用大数据和云计算,打造了由云端控制屏端的 LBS 精准媒体平台,建立了不同办公楼宇和社区公寓的用户品类需求指数和品牌关注指数。

"全城示爱"活动中,分众针对不同楼宇呈现特定表白,还原真实生活场景,掌握消费者回家和上班的动线逻辑,集成物业数据、搜索数据和电商数据,实现了针对不同楼宇、不同用户的精准投放,15 万块楼宇屏幕都被赋予了个性化的基因。

分众基于地理位置的 O2O 媒介互动平台,为 2 亿用户每天必经的生活场景中合理嵌入移动 Wi-Fi 和 iBeacon,使分众屏幕成为移动互联网时代地理位置标签和本地服务基础设施。通过随时随地和用户手机连接,以微信摇一摇、360 摇一摇、手机淘宝摇一摇等手段,形成 O2O 互动,建立和消费者强大的互动能力和引爆能力,分众持续确立了引爆场景地位。

独特、精准,更契合移动互联时代的网络应用规则,大数据 + 场景激发了无限可能,催化出一种全新的 O2O 跨界连接形态。

○ **场景延伸**

互联网电台的弯道超车

互联网电台的竞争日益激烈,但一个叫喜马拉雅的手机电台却开始吸引越来越多的移动用户。以喜马拉雅手机电台为代表的手机"听"应用正在打破"听"的固有边界,颠覆"听"的传统模式,把"听"从消遣与学习拓展为社交与时尚。

喜马拉雅电台上线两年,移动端用户超过 1.5 亿,月活跃用户 3500 万,且每日近

喜马拉雅电台 TVC 广告

百万级的新用户增长,长期占据苹果商店分类榜单第一。这些数字背后究竟有怎样的商业逻辑和故事?现在我们就来解读一下创造了"新声活"概念的喜马拉雅电台。

目前互联网电台排名,依次是喜马拉雅、蜻蜓 FM、荔枝 FM、考拉 FM。我们需要重点分析的是喜马拉雅,在一个群雄并起的互联网电台竞争格局里面,成为第一的机会是不是来自于互联网电台本身的应用场景?

扫一扫,立即下载喜马拉雅 FM

随着移动互联时代的到来，几乎每一个行业都被重新定义和改变。喜马拉雅电台身处的音频行业也不例外，凭借人们对于"充分利用时间"的需求，喜马拉雅电台飞速发展。我们每天都有很多碎片化的时间，走路、开车、健身、乘地铁、做家务等，在这样的场景里，我们需要什么样的节目？

喜马拉雅电台绕开了传统电台诸如广告时段多、内容少、延续难等劣势，直接通过8亿多部智能手机，点对点地将声音传达给了用户。在满足人们"充分利用时间"需求的同时，也逐渐拓宽了人们基于"新声活"的更多场景。

家有老人
老爸老妈随身听 陪伴老眼昏花的爸妈
享受欢乐充实的晚年

在一个最好的时代，倾听名人的智慧

第二部分 | 支撑场景的核心要素 | 111

清晨
智能闹钟用舒缓的音乐唤醒你，为你播报当天最新的新闻

厨房
智能冰箱播放健康养生秘笈，让你享受健康生活

喜马拉雅FM告诉你：所有的书都可以用来听

回家路上
车载音箱为你播放有声小说、历史故事
让你发现，堵车也是一件快乐的事情

深夜入眠
智能音箱为你播放催眠音乐、轻诉情感故事

郭德纲惟一官方授权，数十年相声精选

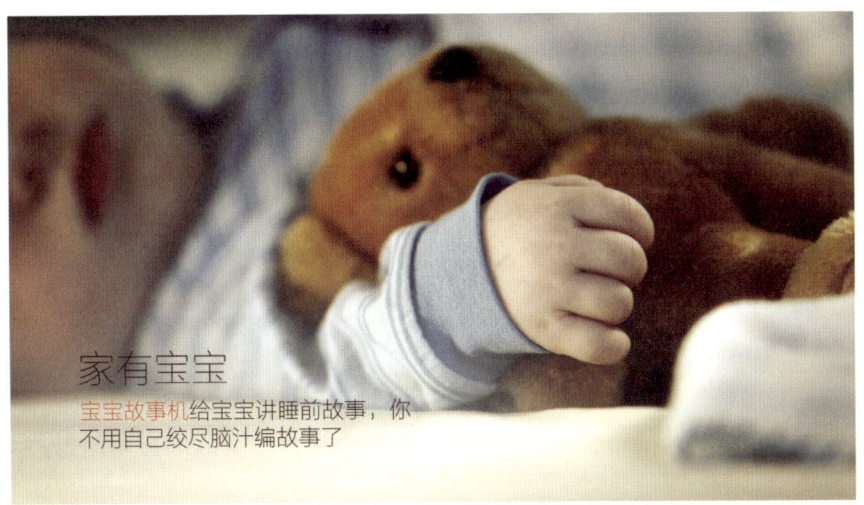

家有宝宝
宝宝故事机给宝宝讲睡前故事，你不用自己绞尽脑汁编故事了

如果将场景聚焦于汽车是不是一个机会？汽车作为一个原有场景，在堵车的大城市中，人们在车里的时间、密度被不断拉长，汽车构成了新的生态、新的环境。所以当喜马拉雅聚焦于汽车，把自己变成相应平台的时候，我们能明显感觉到，年轻人认可的比例果然大幅上扬。

网络电台的一大优势，就是可以对受众数据进行精准的收集和分析。在蜻蜓FM的新闻电台互联网收听份额中，"中国之声"的收听率占60%，收听人次达19万人，其中早间的《新闻纵横》栏目、午间的《全球华语广播网》栏目，以及夜间的《千里共良宵》栏目是3个收听高峰。这3个互联网收听高峰，与受众的日常生活习惯和场景有关，也是容易被传统广播忽略的市场"金矿"。而通过对翔实数据的分析，我们可以使传统广播节目进一步增加用户黏度，借助互联网实现新的突破。

1500万条海量内容，随时随地，听我想听

○ 场景方法

移动互联时代，用户不断在多屏间动态切换，这样的多屏场景是客观存在的，以人为中心的账号体系保证了数据在各个场景维度中形成相关性，最终也支撑了新的场景价值。数据流动性越强，生成的结构性也越多，使用者关系越清晰，新场景的创造也越清晰。

收集可量化的数据

这是一个数据运营和用户经营的时代，场景的背后是可量化的数据。WiFi 万能钥

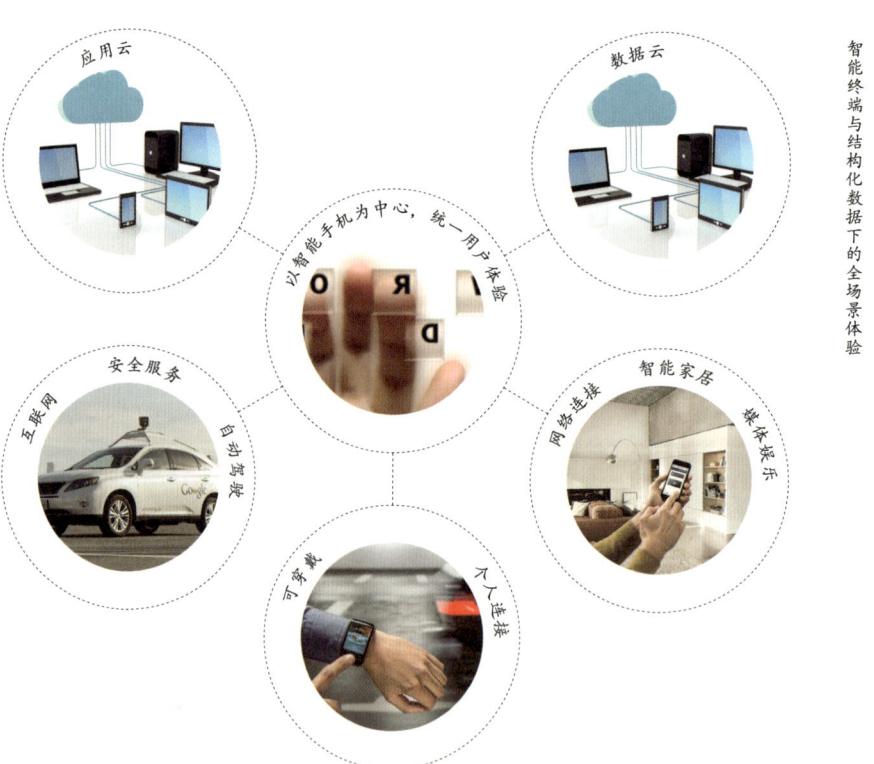

智能终端与结构化数据下的全场景体验

匙和WiFi伴侣等新晋企业皆受益于此。在数据化的今天，即便睡眠也与过去不同，通过智能床垫或智能手环，我们的睡眠也在持续被量化。

塑造可量化的全场景体验

通过可穿戴智能设备产生和曝光的可量化数据，称为可量化的自我。可量化的自我也就是可量化的场景。在机场或咖啡厅，WiFi在连接信息的同时也记录着我们的行为，推送的信息在二次到达时会更精准。智能手机、平板电脑、运动手环更是如此。基于位置的陌陌、微信公众号，甚至是Uber会在使用中激活群体的画像——是跑步群还是吃货群，耐克甚至根据Running Club微信订阅号的内容规划夜间跑步鞋的品类规模，并根据用户跑步频次与周期，给出附近专营店或者网店精准的配货补货建议。

精准的数据匹配精心设计的场景

在此基础上，数据越来越精准地匹配和场景越来越精心地设计，将会共同完成一次结构性的改变。经过整合结构化的数据，品牌可通过精准的渠道去接触核心用户，这是移动互联时代诸多传统企业转型的机会，尤其是对体验感空前重视的服务业和零售业来说。

耐克的Running Club

以互联网金融为例，2015年是互联网金融行业发展的一个重要里程碑，不仅因为2015年是马云口中DT（Data Technology，数据技术）时代和信用时代的元年，也因为2015年是大数据和信用在互联网场景中开发、应用、完善的开端之年。

让我们来看看蘑菇街"买咯"植入消费场景和金融场景的案例。蘑菇街创始人陈琪甚至直白地说，"蘑菇街的发展不在于盈利模式，而在于满足女性用户复杂的心理需要，也就是说——要和女性用户谈恋爱。"

在这样有趣的平台上，消费的场景已经被蘑菇街的小伙伴从头到尾玩到了极致。后端需要开拓的就是金融服务了，毕竟冲动之后还是要付费的。那么如何让她们既愉快花钱，又能结合金融场景有更好的体验呢？

信用，信用，还是信用。互联网乃至全世界都在谈论信用。众安保险和蘑菇街合作的蘑菇卡是针对蘑菇街用户推出的授信额度，可以在全网先消费后还款，享受最长免息期40天。乍听起来和信用卡相似，但本质却有不同，因为蘑菇卡嵌入到了场景内，从授信开始到消费结束，都和场景完全绑定。蘑菇街和众安以及赢众通不会像传统金融机构那样需要客户提供各种资料，也不需要了解客户的收入或其他数据信息，但它们有场景、有数据，比如用户在蘑菇街的消费行为、习惯、次数、金额、送货地址、退货历史，构成了场景内的信用集合。基于此推送给客户的授信额度，就会变得异常精准，这种精度反而是信用卡不可比拟的。

第二部分 | 支撑场景的核心要素 | 117

众安保险、赢众通与蘑菇街的合作

◆ 在蘑菇街进行信用消费，先消费后还款！蘑菇街，给女孩们的定制白条

◆ 未来基于互联网的个人信用消费场景被赋予了更多的可能性

◆ 把消费和信用捆绑并应用到极致　　◆ 把金融场景化，让金融和生活密不可分

蘑菇卡虽然只在场景内被使用，其频次和接受度却比信用卡大大提高。使用和还款，都做到了场景内的闭环，在风险的控制上也大大加强，不再有信用卡套现、盗刷或者其他欺诈隐忧。最重要是，还满足了蘑菇街女性用户的需求：消费时使用蘑菇卡，既轻松又方便，还能延迟付款，何乐而不为？这一切都需要场景的配合，而在场景内和外的信用积累助推了一切。

或许互联网＋信用才是场景消费未来不可阻挡的方向。抓住了场景内的客户，读懂她们并且满足她们，把消费和信用捆绑，并应用到极致，就不单单是创造一个产品，而是把金融场景化，让金融和生活密不可分。京东众筹、优米众创空间的崛起也恰恰有赖于此。

○ 场景诊断

罗辑思维实验坊北京站
二零一四年九月十三日 星期六

提问： 我的客户主要都是中小企业客户（to B），这给我们带来了很大的困扰，很多针对消费领域（to C）的方法，对企业客户不太适用，我应该如何去做针对企业用户（to B）的营销？

吴声： 今天所有的品牌都是面向消费者（to C）存在的，这是场景时代最大的变化。SAP、思科、甲骨文都有移动互联网解决方案、有社区，但是仍旧无人看好。不是它们不优秀，而是因为现在很多企业服务正不断趋于免费，固守传统面向企业收费的模式未免太不合适宜。

第一，很多人不太理解企业级免费服务的逻辑，免费的核心在于，形成极强的社群连接能力，让企业用户也构成如同消费者一般的社群，从而实现对企业用户也能像对消费用户一样获利的能力。

第二，你的品牌溢价也会转化，会形成时间壁垒。面对企业用户，我们强调的品牌主张，一般是安全、可靠、专业、高效等。要阐述好这些关键词，就必须制造场景，赋予消费者可以理解的精神，也赋予社交网络可以传播的故事。

第三，所有企业服务最终都是服务消费者，这是我常说的挟 C 以令 B。企业级服务的采购者和决策者的信息中枢是不是微信和百度？高通骁龙 810 芯片和 801 的区别主要是说给小米 NOTE 用户听的，英特尔始终愿意在每台电脑打上蔚蓝色标志是同样的道理。

● 场景诊断

长江商学院北京校区
二零一五年五月九日
星期六

提问：
场景为什么会颠覆现有的定价模式和议价模式？您预测未来公司不用交办公室租金了，这可能吗？

吴声：

任何时代，公司最核心的功能都是基于双方价值交换的合意。

传统的定价方式是线性的。例如万科经营地产，它的基础价值是每套房子加起来的总价。但是在资本市场上，千亿级的公司规模，万科和腾讯的市值却是天壤之别，同样都是我的估计，腾讯仅微信的估值就差不多接近1000亿美元了。

这是因为，在场景时代，衡量企业价值的模式变了。指数级的增长取代了线性的增长，从0到1的创业维艰法则，正在成为这个时代的最大公约数。

所有可以进行定价的价格都不再是价格。不确定性、乘法效应的可能性才是当今商业最核心的价格要素，存量资源不再是交换的核心。所以办公空间的租金模式，在今天虽然还是房地产运营利润的来源，但在新的价值创造体系中，却是首先要被颠覆的。 未来租金要在新的生态里面生长，例如与金山云、腾讯云组合的免费创业解决方案，例如与创业孵化基金、天使投资联结的投融资解决方案。服务免费的同时，可以换取初创公司的股票期权，在B轮或C轮退出。

今后所有产业／公司的性质都会发生五种变化：

第一，所有的公司都是媒体公司。

第二，所有的公司都是互联网金融公司。

第三，所有的公司都是投资孵化平台。

第四，所有的公司都是场景创造平台。

第五，所有的公司都是大数据公司。

灵活办公空间

● 场景链接

App 链接 /

知乎日报
类似的还有【果壳精选】，价值皆在智力与逻辑之外。

same
无意义的归结，不耐烦的吸引。

Keep
坚持与签到是耐心，更是人生的利器。

微信公众号链接 /

石榴婆报告
最有角度的时尚解读，譬如『谁让女星都成武大郎』？

小道消息
【奇葩公司巡礼】职场必读。

胡辛束
辛辣人生的八卦滋味。

706 青年空间
记得曾经年轻过，谁的青春不迷茫。

图书链接

链接：网络新科学
〔美〕巴拉巴西 著

无尺度网络的特点与互联网场景的流行颇为类似，中心场景容易获得更多链接。优先进入，新场景有新红利。大量的社会连接能将无数人的需求缩小成具象的可复制场景。

部落：一呼百应的力量
〔美〕高汀 著

微信基础设施、共同的兴趣、连接点，这是这些博客文章对我的一次启发。

决战大数据：驾驭未来商业的利器
车品觉 著

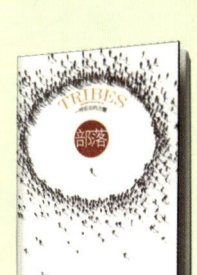

最富实战的大数据方法论解读，从电商出发，也启发未来的商业变化。

后物欲时代的来临
郑也夫 著

消费是这个世界上最大的活动场景，遭遇到最多的批判与斥责，同时也享有最多的辩护与褒扬。

● 第三部分

构建场景的『四即』方法论

用场景不断重构传统商业模式中的产品、营销、渠道、定价策略，以及流量获取等模型，我们开始形成移动互联时代的场景方法论。这个方法论可以归结为四个"即"，产品即场景、分享即获取、跨界即连接、流行即流量。

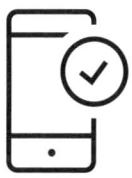

产品即场景 [chǎn pǐn]

产品等于场景的解决方案。

分享即获取 [fēn xiǎng]

以人为中心的新分享能力，让品牌等于故事、文化和情怀。

跨界即连接 [kuà jiè]

跨界的连接击穿了各种场景的区隔，形成的是新体验、新品类和新价值。

流行即流量 [liú xíng]

流行成为流量的新入口，只有占据亚文化流行趋势的制高点，才能掌控流量的话语权。

第八章 产品即场景

场景解决方案成为产品研发的核心能力，这对以往的产品思维是重要考验。

需要在场景中提炼出产品的核心能力（Inside），然后去不断叠加（Plus）出新的场景。

场景不存在所谓线上与线下的区分，其核心是以用户体验、场景黏性为中心的解决方案。

一杯咖啡，为什么可以不是咖啡？

场景一：

孙佳是一个酷爱喝摩卡的姑娘，大学4年间，赵廷陪着她去过校园周边的每间咖啡店，尝过了每家咖啡店的摩卡。4年后，刚刚毕业的赵廷作为家里惟一的儿子，不得不接受家里的安排，独自回到了老家。

连咖啡

咖啡场景

毕业3年后的冬天,两人在外滩不期而遇,让赵廷惊喜的是,孙佳和自己都还单身!抑制住内心激动的赵廷对孙佳说:"3年了,我依然记得你最爱的味道。"从那天起每个午后,孙佳都会收到一杯赵廷通过连咖啡为她送的热摩卡,永远不变的味道,永远不变的爱情,永远传情的连咖啡!

场景二:

初入社会的闺蜜艾静和萧萧,因为工作忙碌很少能像以前那样经常在一起谈心玩耍。5月20日,是艾静25岁的生日,作为主持人的萧萧身在录制现场无法抽身陪伴闺蜜庆生,同事得知此事,向她推荐了"连咖啡微服务"服务号让她为闺蜜送上一杯咖啡表达心意,萧萧在连咖啡平台上选择了闺蜜最喜欢的焦糖玛奇朵,同时留言备注道:"我身在录制现场,一边是闹哄哄的观众,一边是炽热的灯光,此刻,我好想静静!祝生日快乐,皱纹越来越少!"连咖啡小哥收到订单后,准备好焦糖玛奇朵和一张写着萧萧留言的精致生日卡片,把这份祝福送到了艾静的办公室。

现在想来一杯咖啡?扫码下单

这世间任何情感，都需要一个表达的出口。在以上的场景中，"连咖啡"不再是简单的商品，而是传达、连接感情的载体，承接着用户的亲情、友情和爱情。

○ **场景洞察**

一杯简单的咖啡，表达不同的场景诉求，可以衍生参差多态的新产品，呈现出不同的期待和迥然的体验：

当咖啡 &CBD 商务区，是太平洋咖啡、星巴克和 COSTA 里人头攒动和行色匆匆；当咖啡 & 闺蜜聊天和朋友聚会，是 Zoo 咖啡和漫咖啡里的欢声笑语和华夫饼香；当咖啡 & 静谧一隅的明亮阅读，是雕刻时光和字里行间里安静与作者穿越对话；当咖啡 & 创业，是 3W 和车库咖啡里不加掩饰的焦虑和企图心；当咖啡 & 思想，艺术人文的沉浸体验，是单向街和方所思辨的激荡和灵魂在高处的吟唱。正如方所创始人毛继鸿所言，以生活美学的方案重新定义体验的空间，方所致力于连接的是人与城市文化的共生和上升，在此，咖啡成了日常的审美见证。

在这些看似眼花缭乱的组合里，咖啡不再是一件寻常单品和标配，而是场景的解决方案，产品置于场景之中，被选择，被重新定义，产品即场景。与此同时，我们能强烈地感受到一种不可逆的趋势——人们越来越愿为特定场景的解决方案付费，这对传统商业逻辑是致命一击，而随时随地连接时代的到来，无疑将放大这种打击。

○ **场景延伸**

Grand Front——被重新定义的商业地产

日本大阪梅田，有座新地标 Grand Front。在凛冽的几何风格包装下，它不仅仅是集商场、餐厅、酒店、住宅、办公大楼于一体的集合中心，更是购物广场之外的独特生活形态提案。

有可口可乐,但售卖小吧台让位给了互动大游戏屏幕;有赛百味,现场采摘的蔬菜和西红柿让你体会到食物的可追溯与现场感;有无印良品,在其中料理与家居遥遥相望;有梅赛德斯-奔驰体验店,不过重要的是享受DOWNSTAIRS Coffee,以及购买各式奔驰周边产品,而非30分钟试驾服务;有松下体验中心,可以体验最新的美容健康设备,品尝用松下家电烹饪的美食,在数码厅感受最前沿的视听技术;有"近畿大学水产研究所"的美味鱼料理,排队等位时,通过液晶显示屏,可

扫描观看松下体验中心视频

Grand Front 松下体验中心

以了解鱼类的基本知识与科学养殖方法；有三得利开设的威士忌博物馆，可以一边品酒，一边享受美食；有 The Lab 生活实验室，可以在 Digital Fashion 的展位感受虚拟试衣间，从剧院展览到脑洞大开互相连接……Grand Front 超越了传统的所见即所购，不断创造新的消费体验。产品即场景，产品伴随体验完全融入场景之中。

基于零售的商业地产正不断从功能化走向体验化，旧有的商业模式在电商和移动互联网技术的冲击之下越来越难以为继，百货之后的购物中心模式又开始迭代为主题式体验广场，北京的侨福芳草地、深圳的万象城、成都的远洋太古里都不同程度印证了这种趋势。Grand Front 模式中实则隐藏着新场景的定义——产品的 Inside 能力和 Plus 机会。着力于因地制宜的个性化解决方案，传统的商业地产借助互联网将重获生机。可以预期，阿里与银泰地产的融合，微信摇周边、微信连 WiFi、微信支付对传统百货的改造，都将是新场景降维攻击的复仇者联盟。

○ **场景方法**

产品的功能属性（Inside）+ 连接属性（Plus）= 新的场景体验[①]

场景思维下，需要去思考你的商业模式能否定义出属于自己的新场景？这个新场景，能否定义出自己的新品类？这个新品类，是否定义了新的价值创造和红利？

场景解决方案成为我们产品研发的核心能力，对我们既往的产品思维是一个极其重要的考验。我们的思维和经验长久以来受限于好产品本身，例如不断努力去制造一个好芯片，却忽视了如何让自己成为高通芯片：高通骁龙 810 芯片和小米 NOTE 的合作，比 810 芯片本身定价更重要。我们找到了产品的应用场景，就不会再受制于产品研发的 SKU 困惑。

---

① 本书中的 Inside 和 Plus 用以指代产品的内核和外延两个维度，因此后文中会有多个中文概念分别与之对应。——编者注

所以，在场景中，我们需要找到产品的核心（Inside）能力，然后不断 Plus 出新的场景，即产品的功能属性（Inside）+ 连接属性（Plus）= 新的场景体验。找到产品对自身独特标签（Inside）的定义能力，并通过场景找到产品的 Plus 方向，这毫无疑问是今天丰富新产品的一个重要方法和工具。

我们前面提及的旅行短租应用、打车应用，背后都有一个非常真实的入口逻辑存在，而这个入口逻辑，就隐含了产品的 Inside 能力和 Plus 机会。

那么，如何为产品找到 Plus 的机会？在用户某个生活环节中（即场景），适时提供其可能需要的以及关联的产品或服务（即产品），便能获得最大的爆发能量。具体可以从 3 个方面入手：

1. 找到消费者场景体验的痛点。
2. 细分消费者需求。
3. 确定场景的呈现细节。

当然，这些可以意会的场景大可推而广之：

生活优选 + 社区便利 = 生活半径、58 到家；
爱 + 承诺 = 丁香医生、蜜芽宝贝；
自助就餐 + 美味 = 下厨房、豆果美食；
人格买手 + 文艺生活 = 野糖网、"罗辑思维"；
全球优选 + 高性价比 = 小红书、什么值得买；
……

以上林林总总的案例，说明细分人群的生活方式和场景黏性可以轻而易举地造就一种现象、一个成功品类。所以，根本不存在 O2O 所谓线上与线下的隔断或区分，重要的是以用户体验为中心、以场景黏性为中心的解决方案。

现在，我们再看 Airbnb、Uber、"罗辑思维"、河狸家、滴滴打车、易到用车……你还会认为它们是风马牛不相及的公司吗？从本质上看，这些公司会在底层逻辑上形成竞争，因为它们都有着同一目的，即做用户体验的入口，连接人与场景。虽然实现的形式各不相同，有的是获取全球资源连接的红利，有的是成为上门服务的入口，有的是支付场景的深化，有的是出行方式的变化，但本质上，围绕人的体验、生活、应用和消费场景的逻辑没有变，这就是他们的 Inside 能力。

第九章

分享即获取

分享经济时代,分享越多,获取越多;越分享,越获得。

分享注定成为场景红利的神经中枢。

分享最大的主体,不是企业或第三方广告中介,而是人。

分享更多时候是基于人格的背书,这意味着可以长久收获越用越多的信用。

连接的机会越多,互为渠道的结合点就越多,更容易把品牌有限的市场预算变成倍数效应。

微信红包、打车优惠券是分享，还是获取？

2014年春节，无数好友自发分享的微信红包，让马云惊呼"支付宝被偷袭珍珠港"。一场超800万用户参与的红包分享狂欢，让微信红包一战成名。来自微信的数据显示，从除夕到初八，超过4000万个红包被领取，数百万微信用户为了抢红包绑定了银行卡。

此后，发红包成了互联网巨头的营销"大杀器"。滴滴打车与快的打车优惠券短兵相接，

京东 618 网购狂欢节

京东、天猫贴身肉搏，猫眼电影、大众点评血战到底……在这些红包大战中，"分享"成为了最清晰的关键词。京东之所以能够定义"618 网购狂欢节"，与它长期坚持的正品价值分享、高效配送质量、优质购物体验是分不开的。

用户"分享"优惠券，给自己的社交关系链带来价值，因此获得了更好的社交关系；企业借此以极低的成本获取新用户，产品获得新生。显然，通过整合诉求形成的多赢，才是场景时代的红利表达。当我们分享一个打车红包时，谁在付出，谁在获益，边界已经变得模糊。能肯定的是，打车 App 通过智能算法，只用 16 ～ 19 元不等的红包，就可以激活一个沉默用户，相较于电商平均 100 ～ 120 元的新用户获取成本，"分享"为企业带来的收益，远远超过它的付出。所以，分享即获取，分享越多，获取越多。

扫码有惊喜，
下载京东客户端首单满 79 元送 79 元

ios 系统

Android 系统

○ **场景洞察**

"分享思维"是互联网的核心精神之一。在分享模式下,资源越用越有价值。分享就是获取,基于此,这种无数人自动分享的"打车优惠券",让滴滴快的成长为估值破百亿美元的移动入口。

在以上红包分享的逻辑中,分享成为场景红利的神经中枢。分享最大的主体,不是企业或第三方广告中介,而是人。当人变成了新的渠道,用户是传播者、分发者抑或营销者都已不再重要,重要的是彼此的信任和人格背书。如果你总是发专车券给自己的微信好友,虽然 12 张券可能只用了 1 张,但是朋友仍然会把分享者定义为好人,从而建立起高度信任的微信关系。我们的分享,会形成我们的社交价值。这里的人格关系,在社会化的网络中得以指数级放大,这也是今天场景在分享中爆发的源动能。

○ **场景延伸**

还让不让好好看电影了?

"弹幕"初始流行于 ACG 群落、御宅族,是网络视频分享网站的流行吐槽方式,由日本视频内容分享网站 niconico 发明。后来被国内的 a 站、b 站(Acfun、Bilibili)等非主流网站借鉴。腾讯视频、优酷土豆、爱奇艺等越来越多的国内主流视频网站也逐渐在产品中嵌入弹幕形式。

2014 年,《小时代 3》《秦时明月》《绣春刀》3 部电影的尝试后,弹幕更是登堂入室,走上影院的大银幕,吸引很多 90 后趋之若鹜。看到自己的嬉笑怒骂出现在屏幕上,年轻人获得了极佳的参与感。同时,与陌生人即时谈论、交流、分享也最大限度地满足了平时并无太多渠道吐槽的个性化表达意愿和社交需求。所以弹幕实际是视频内容在分享过程中的二次创作。由观看视频的人将自己脑中形成的态度和情绪,通过弹幕形式即时反馈回去,又再获取其他人弹幕信息,完成一次"懒人"的社交狂欢。视频制作方和平台也基于主动分享的弹幕信息不断获取与重构新的用户数据和洞察。

当这一社交动作被置于人人可参与的在线视频网站中无边界放大,它就不再是小众的狂欢,而是越来越成为大众"天涯共此时"的情绪分享与视频交互体验。

爱"美"者和婴幼儿辅食——买手电商是基于人格分享的信任代理

"夏日'吃货季'为你搜罗全球美食。"
"独家的风格,个性的设计,百搭时尚气质款鱼嘴平底鞋。"

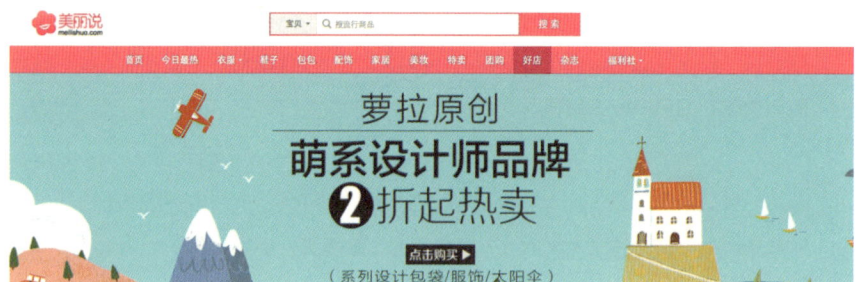

"明星同款,韩国人气女星申敏儿最爱的御用 BB 霜。"

"最经典的复古小包,配上今年最流行的字母运动风,完美至极。"

……

"美丽说"通过聚拢一批爱"美"者——买手店主和时尚达人,将自己的潮流理念进行分门别类的分享,在消费者心中树立足够权威的时尚印象和跟风意识。打开"美丽说",看各路潮人和萌妹的推荐,不论是复古风、森女系,还是二次元,一切尽在"掌"握。在这一过程中,单纯的电商和消费者的买卖关系提升为有温度的分享和购买场景——分享成为一种展示美好生活能力的行为,购买也成为一种对美好生活的朝圣。这一基于分享场景的运作模式,使得"美丽说"能够从单纯的买卖电商中脱颖而出,进而成为买手电商,并完成在时尚产业链的升级。

场景是人的关系的延展,买手电商是下一代电商方向。买手电商是基于人格的信任代理和背书,不同于我们现在看到的微店,更不是朋友圈的暴力刷屏,而是场景电商的重要组成。

买手电商的基础是用户基于自己的通讯录和社交好友关系所形成的 KOL(Key Opinion Leader,关键意见领袖)能力。KOL 能力意味着我们自己的公信力、影响力。有这种人格信任关系的背书,自然会形成一种新的分发机制——我在分享怎么去日本买美妆产品；澳大利亚的哪种婴儿奶粉最值得购买；全球汇率市场变幻莫测下，在哪里买香奈儿最划算；如何买到最 in 的欧洲小众设计师品牌……

这种基于有效信息的分享，与买手电商的人格背书形成了一种良性循环，越分享，信用越高。信用越高，分享的信息就越有价值，就越会促进购买转化。

同理，3～4岁的宝宝到底应该选择什么样的婴幼儿辅食？这是所有年轻妈妈的一个痛点。在宝宝树、辣妈帮等社区，这个话题热度居高不下。3～4岁是人一生"胃的味"形成节点，但现在国内渠道很多的婴幼儿辅食都不足信。如果这时有人告诉妈妈们，可以买到符合严苛的德国安全标准的3～4岁婴幼儿辅食，我们会那么在乎价格吗？

这个时代，无数这样的新场景，隐含了可以切入的创业机会。初为父母一定都有这样的经历——刚刚生了小孩，妈妈很辛苦，爸爸白天还要上班，但是晚上12点小孩哭了，父母就要起来冲奶粉，这是不是痛点？北美有个网站就解决了这个痛点，只要小孩睡不着，即可在线咨询，现场哄宝宝入睡。同样的痛点在国内，是睡前讲故事的场景，即使硕士、博士这样的高知人士，给宝宝讲睡前故事，不到一个星期也黔驴技穷。这个时候，谁来为这个场景提供解决方案？我们发现王凯的"凯叔讲故事"和"上学前"微信公众号应运而生，热度持续不减。"凯叔讲故事"已经成为国内最大的亲子社群。

过去，我们为广告头痛不已。如今，当我们主动分享被称之为有内容、有价值，被定义为经验、攻略的信息时，广告的逻辑也被颠覆了。

一方面，这是一个信息超载的时代；另一方面，正是因为信息的爆炸，对可信任信息的筛选就会成为达人电商的由来，进而成为新商业模式的机会。

"YES！想要"玩转场景式应用

在日常生活中，身边朋友用了自己也喜欢的商品，你会直接询问，什么品牌，哪里可买。这类情况对于年轻群体而言，更多已经变化为如下几种现实场景：

1. 看到影视作品里明星穿着，想知道品牌，想购买。
2. 社交媒体上看到达人示范，想购买。
3. 朋友圈里代购发布，想找到官网，减少中间佣金，知道哪里便宜。
4. 杂志里看到不论时尚单品，还是创意家居设计，通常只有品牌和单价介绍，并无购买地址。
……

"YES! 想要"就是基于上述需求场景的一款买手电商图片求购问答社区。用户随时随地发现需求（即用户的"想要"）——逛街、刷网页、逛朋友圈、翻杂志时看到所爱之物，将"想要"之物拍照上传发问，请大家一起帮助寻找品牌信息或者购买链接，在问答、分享、参与互动的过程中，用户的需求得到了满足。

用户在这里还可以关注各自认同群体的愿望清单，发现自己的"也想要"；每一个需求问题下的时尚买手提供的购买路径，若最终实现了交易，也可以获得相关提成或返利。

如此，人人皆买手，是为可能。

发现我想要的
关注兴趣标签，"想要"给你好看

表达我想要的
猛戳那颗红心，"想要"不会走掉

发布我想要的
图片打上标签，"想要"帮

帮助 TA 想要的
你我 TA 的"想要"总能被

场景方法

场景时代,企业获取新客户,个人获取影响力的渠道,都在发生深刻的变革。想要通过分享去构建新商业模式或形成营销创新,可以从以下几个方面入手:

1. 基于人格背书的分享。

用户处在自己的亚群落之中,只有基于真实场景的分享才会带来信任溢价。好友推荐的东西是有温度的,试用、使用的门槛被极大地拉低,同时,这又倒逼每一个分享者要思考"不能让朋友觉得不靠谱"。所以,分享即获取,并不仅仅是意见领袖可以分享,更多时候是基于每个用户人格背书的分享。只要有稳定的信用,就意味着可以长久收获信用带来的溢价。

2. 分享有效的信息和资源。

分享即获取的逻辑不仅适用于用户主动分享的微微拼车、宝驾租车的代金券,抑或是京东618、大众点评的红包。不仅仅是"钱",要更多地分享信息和资源,分享的内容可以更加广义化,是攻略、心得或影评,或者是品牌的自身资源与渠道。

3. 找到分享的杠杆能力和乘法效应。

互联网时代,分享的效果会被微博、朋友圈、QQ群、陌陌小组、百度贴吧等全新格式的社交工具与移动应用无限放大,连接机会无处不在,横向协作成本被急剧拉低。越分享,连接的机会越多,互为渠道的结合点就越多,更容易把有限的市场预算变成乘法效应,这就是分享的逻辑。所以无论分众的楼宇广告、电视广告还是电商平台,重要的是找到分享引爆点的解决方案。只有这样,我们才可能成为场景红利的获得者。

第十章 跨界即连接

跨界深度形成新的定价依据和定价能力。

在营销层面看,从渠道和自身资源的角度考虑,每个品牌都可以互为连接的渠道,品牌动力机制被跨界迅速激活。

歌词瓶后，可口可乐如何玩转台词瓶？

全球每天有上亿人在优酷观看视频，每天也有上亿人畅饮可口可乐。2015年的夏天，两个跨行业的第一品牌达成战略合作，联合推出49款共计10亿量级的可口可乐"台词瓶"。

这是一场10亿瓶的个性化之战。"下辈子还做兄弟""臣妾做不到啊""给你32个赞"等耳熟能详的台词出现在了可口可乐瓶身上。网友还可以个性定制独一无二的专属台词瓶，在"我们结婚吧""如果爱，请深爱"等经典台词的前面加上恋人和朋友的名字，让优酷和可口可乐替你表白。

可口可乐近年来推出多种不同创意的瓶身，从"昵称瓶"到"歌词瓶"，再到现在的"台词瓶"，在收获口碑的同时，销量也随之增长。以2014年6月为例，"歌词瓶"使可口可乐销量增长10%。面对碳酸饮料的困境，可口可乐与经典IP、ME时代的个性化表达持续品牌联合，饮料的潮流感与标签能力在游戏化与定制化中得以放大。

○ **场景洞察**

为什么出现这样的变化？因为跨界的深度，已经成为这个时代的定价关键。

2010年以来，几乎所有的奢侈品、快时尚品牌，包括我们熟悉的H&M、优衣库、LV、奥迪、宝马、三星每年都会精心发售跨界款，甚至把它们作为自己的核心品类打造。H&M是其中的佼佼者，2014年，它选择和王大仁（Alexander Wang）合作，恰恰是在定义H&M新的运动品类。这时，跨界已经脱离营销的范畴，变成一个全新的产品系列。

优酷与可口可乐共同打造的"台词瓶"更是如此，线上线下联动，跨界整合内容，以PGC的品牌沉淀开发全新的社交礼品和自我表达场景。这不仅是可口可乐第一次亲密接触"网生内容"，也是全新的情感品类打造和互联网内容IP的深度开发。

跨界即连接，不仅仅是我们个体之为个体、社群之为社群、内容之为内容的依据，也是今天的产品新逻辑。在跨界生态下，我们能看到新鲜的场景，陌生的细节，能够形成微妙的情感和体验，能够带来零售业最关注的毛利率——护肤品牌fresh与星座大师苏珊·米勒合作的星象瑰丽香皂，汽车品牌奥迪与复仇者联盟合作的限量版TT跑车、奢侈品牌LV与办公家具制造商Herman Miller合作的LV家具，运动品牌阿迪达斯三叶草（adidas Originals）与高街时尚品牌Topshop合作的经典复古系列，手机操作系统安卓（Android）与巧克力品牌德芙合作的安卓巧克力都是烧脑之作。

○ **场景延伸**

购物中心也要走跨界混搭路线

跨界混搭在购物中心的运营中也成为一种潮流。过去，百货商场是人们逛街购物的首选，曾几何时，久光百货是上海的旗舰百货，3年前还是单店盈利能力极强的百货之一。现在，连卡佛、K11、环贸iapm等有主题、跨界混搭的购物中心才是上海滩年轻人的主流选择，因为它们有设计感、有艺术感、有腔调，能满足年轻人自我表达的个性化需求。当购物中心能够形成这种大规模的跨界连接，用户的消费场景才足够新鲜和真实。购物中心将不仅仅承载购买功能，而是慢慢融入到目标消费群的生活，成为生活场景，提供社交、聚会、教育、娱乐等多维度的复合需求。在

连卡佛

上海 K11 购物艺术中心

这些场景里,类似化妆品牌资生堂与餐饮品牌沃歌斯(Wagas)合作推出同名饮品"红妍肌活果汁"为年轻人追捧就更是题中应有之义了。

爆米花的定价逻辑

猜猜我们熟悉的爆米花在哪儿卖得最好?万达院线招股说明书告诉我们,是电影院。

在电影院不是去看电影吗?为什么爆米花会在影院卖出如此巨量?从场景思维分析,爆米花充当了情侣在电影院约会的最好道具。可乐和爆米花这些我们听上去、看上去都非常不健康的食品,在这里被定义为情侣约会的标签:两只手同时伸进一个大桶的爆米花中,这种微妙的刺激难以言喻;伴随碳酸气泡的可乐一笑中,无论是爱情片我见犹怜,还是恐怖片血脉贲张,距离都会迅速被拉近。

爆米花、电影院组合为一种跨界混搭，这种混搭增强了用户在特定场景中的情感体验，价值敏感性取代了价格敏感性。因此，爆米花在电影院卖得好，自然顺理成章。

○ **场景方法**

互联网时代的确是一个跨界整合的时代。随着物质生活的极大丰富，为了满足马斯洛需求层次理论中的高阶需求，消费不仅是简单的商品买卖，消费者更要享受买与卖的过程价值，因此个性化需求和情感需求被日益放大。互联网加物质小时代的来临，彻底颠覆了人们对产品、服务约定俗成的印象。譬如咖啡跨界风险投资，火锅店跨界美甲，杂志跨界孵化器，商场跨界儿童游艺中心，护肤品牌跨界餐饮……传统概念中的行业区隔被打破，跨界连接给了品牌新的商业机会，也让我们看到跨界重构的神奇力量。

所以在场景时代，跨界不只是营销，而是所有维度的常态，更是产品常态。从渠道和自身资源的角度考虑，每个品牌都可以具有互为连接的渠道，品牌动力机制被跨界迅速激活。

场景电商框架里，六度空间理论正在被更多公司和品牌证实并简化——任何两个陌生企业，通过强BD，找到接触点，彼此形成互补的品牌连接，就是跨界即连接。品牌的跨界伴随用户群流动。原来井水不犯河水的两群人，通过品牌的跨界，完全打破壁垒，形成了新的用户群。

品牌能不能通过横向的连接成就跨界的信任，能不能从流量的批发进化到人格的背

扫描二维码，关注爱悦健康

爱悦健康检查场景

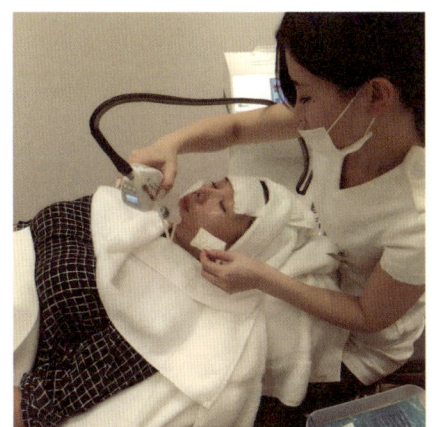

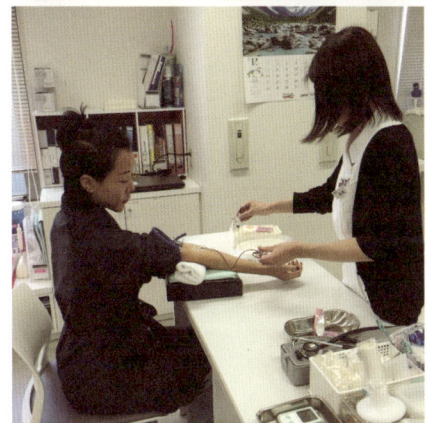

书,是获取新的定价依据和定价能力的关键。

互联网+健康意味着什么?这个边界被溶解了。因为健康,很多新富人群会把癌症基因筛查作为主要体检内容。常规体检本身已经不是付费的驱动力。当我们意识到身体健康是第一顺位的需求,我们要的就是高标准——流程好、安排好、体验好。一家名叫"爱悦健康"的健康机构推出"大数据+体检"跨界产品。以大数据实时管理你的身体,定价几千到几万元不等,却供不应求。

有场景、有跨界,未来一切皆有可能。如果根据产品和服务类别去细分联想,会发现更广阔的思路,越是跨界的组合,越能定义全新的品类。

第十一章 流行即流量

微信是强关系的隔绝生态。当场景有足够的内容价值,就能够形成穿透力,击穿隔绝的生态,通过社群动力完成一次引爆式的流行。

流量并不是不值得购买,关键是在这之后,产品自身能否形成一种用户主动搜索的能力,能不能催生流行的指数,能不能进一步形成基于指数的品牌力。

场景流行最重要的成因是,亚文化现象和拥护者之间是真实的情感关系,用户甚至是催生亚文化的超级传播者。

《权力的游戏》是美剧,是小说,还是亚文化的流行?

《权力的游戏》第五季在人间四月天的重磅回归,是 2015 年春天里的一件大事。粉丝的狂欢,恰恰意味着在第四季和第五季之间这一年,多少人的生活了无意义,生存索然无味。这部荤素齐全的烧脑大剧,让人魂牵梦绕,魔幻的狂想、虐心的戏码、人性的游戏、重口味的杀戮、高颜值的阵容……

随着《权力的游戏》最新一季的热播,重要取景地之一,西班牙塞维利亚东部的小镇 Osuna 名声大噪。小镇居民发现,比起以前数量均衡的观光客,最近有汹涌的人潮涌进小城,大啖角鲨剑鱼和雪利酒酱汁蜗牛。美国驻西班牙大使和当地旅游局官员喜滋滋地在电视新闻上说,迎来了《权力的游戏》粉丝观光热潮。而当地摩拳擦掌的小商小贩,也绞尽脑汁在菜名和纪念品的相关性上下工夫,吸引观光客光顾。

为什么《权力的游戏》能引起如此高的关注?该剧自 2011 年 4 月 17 日在美国首播,4 年时间的积累,再加上原著《冰与火之歌》本身的读者,在全球积累了数亿脑残粉。一

西班牙塞维利亚小镇 Osuna

卷卷皇皇巨著，藉由电视剧的流行，合谋出一个真实的虚拟亚文化场景，而当亚文化与粉丝的情感产生共振，这就不仅是一种膜拜、一种追随，更是一种生活方式。

类似情形也发生在澳大利亚，当地酒庄推出了名为《权力的游戏》的维斯特洛之酒。注意，不是法国的勃艮第，或者是波尔多的葡萄酒产区。在习惯之中，人们把智利、澳大利亚为代表的国家生产的葡萄酒称为新世界。但在 HBO 电视网定义的美剧场景下，新酒和老酒不再重要，重要的是《权力的游戏》中的北境之酒。

在《权力的游戏》亚文化的流行中我们发现,虽然是虚构的美剧,但其所构建的场景却在被争夺,这件事听起来匪夷所思,却在真实发生。"权力的游戏旅行指南"正在成为热门旅行线路攻略,这份攻略上的热门旅行地包括马耳他、克罗地亚、冰岛、摩洛哥,当然,还有英国……

○ **场景洞察**

《LoveLive!》《报告老板》、GOT7、节操精选、暴走漫画……越来越多的亚文化,正在重新塑造今天年轻人的身份标签。这些看似不起眼的表达,一旦被引爆,其能量增长速度堪称指数级。

这就是亚文化的力量,流行带来的流量会告诉我们,基于内容的入口不仅是营销,更代表着转化率。漫画、弹幕、死飞、美剧、穷游、瑜伽、数独、骑行、话剧、公开课、分子料理……只要愿意,可以无休止地列出这个名单。

在 SUV 的序列里,现代的途胜只是入门级。但是,2013 年 12 月,行尸走肉版的途胜却一下子扬眉吐气,让人感受什么是高冷和腔调。

《行尸走肉》是一部漫画,我们更加熟知的,是一部美剧。《行尸走肉》的流行,为途胜定义了色彩、内饰,定义了暗黑风格。

暴走漫画

从场景思维的角度,途胜不再重要,我们是《行尸走肉》的粉丝和拥趸才意味深长。这时,无论生产途胜的现代,还是《行尸走肉》的东家漫威,他们水乳交融,汽车的价格敏感性如同《权力的游戏》的维斯特洛之酒,被轻松超越。

○ **场景延伸**

韩剧的流行裹挟着消费的流量

能够定义新场景,就能获得红利和价值的最大化,而通过流行来引爆流量无疑是新场景获取红利最便捷的方式。因此,无论什么场合,包括玩手游、看电影、写作、喝茶等,一切围绕体验的场景都可以定义成一种新内容,也形成了新的消费和购买动机。

《来自星星的你》《匹诺曹》《制作人》火爆热映,朴信惠同款、全智贤同款、金秀贤同款在淘宝新鲜同步。货品上架的速度以及搜索出来的宝贝数量让我们瞠目结舌。能够出现这种跨界的流行,是因为有大量主动关注,在百度有人主动搜索。飙升的百度指数和淘宝指数就代表了可能的转化率,它成为商家生产的风向标。

【制作人】海报

这样的连环场景下，商家不用去百度购买高价流量，用户的主动搜索——我想要全智贤（千颂伊）同款，我要佩戴的就是朴信惠同款的瑷嘉莎（AGATHA）钮扣项链——会自然带来流量。

传统静态的场景模式是一个隔绝生态，其实今天的微信也是隔绝生态，但当这个场景有足够内容价值，就能形成一种穿透力，洞穿这个隔绝生态，通过社群动力完成一次引爆式的流行。这个流行的属性，使基于场景的应用自然而然变成了流量入口，流行就转换成了流量。

○ **场景方法**

互联网入口格局的颠覆式变化，使电商告别了流量时代。相关的场景需求成为新的入口，也成为新的渠道。传统的电商指标体系迫切需要调整，以适应这种变化：品牌不再被策划，而需要更多的引爆。营销需要更多细分的标签，产品需要窄化成某种生活方式的共同体。渠道与人的边界持续溶解，流量正全面服从于流行。而流行，也不再是大众意义上的口号。

与宏观上的风格差异不同，今天的流行越来越呈现出微观化特征。优酷土豆、爱奇艺相继成立电商部门，因为所见即所得，浏览即购买；陌陌到店通紧随其后，它的礼物电商也如火如荼。移动互联在塑造亚文化流行的同时，也在让真实场景需求与冲动消费无缝对接，从而塑造新的购物入口。

在流行即流量的"造场"运动中，我们应该：

1. 相信亚文化的力量

如果仅仅是个体的生活图谱，场景也不过是O2O的接触点，未必可以形成社群势能，更不会取代现有电商模式成为移动电商的主流形态。个体的泛社群化、亚文化特征才是场景电商崛起的核心驱动力。而且,它本身就是流行和主动搜索带来的流量。大量的粉丝在百度的主动搜索行为会给百度品牌专区带来价值。如果没有这种主动搜索,百度指数、微博指数、优酷指数等,就形同虚设。所以,并不是流量不值得购买,关键在于产品自身能否形成一种主动搜索的意愿,能不能催生流行的指数,能不能形成基于这种指数的品牌力。

2. 找到品牌的拥护者

我们要思考怎么去挖掘、创造自己的流行、亚文化和引爆能力,如何去找到我们的拥护者而不是用户。不为输赢,只为认真。边缘的铁杆拥护者,成就了罗永浩的锤子手机。也就是说,场景流行最重要的是亚文化现象和拥护者之间是真实的情感关系——这种亚文化甚至是拥护者自愿去催生的亚文化。

认识到这一点,就不能简单地理解"流行即流量",相信亚文化的力量并不意味着对所有亚文化群落的面面俱到,因为周全往往意味着周而不全。所以,无论是在贴吧,还是在微博,无论是在微信,还是在知乎,在能想到的所有的社会网络和社交接触点,我们应该做的是找到应用的场景,让我们的拥护者成为去中心化的传播节点,而不是中心化的控制和驱动模式。

3. 流量新入口逻辑来自于人和人的口碑相传

十万个冷笑话、天天P图、奇葩说、伟大的安妮、万万没想到,这些流行和爆款都是来自于人和人的分享。

我们需要深刻理解今天所有的营销问题都是战略问题,深刻理解原来营销等于互联网内容产品的打造,惟此,流量的增长才会真实可信,也可感可行。

第二，要让这种新的场景成为细分人群和特定族群的生活态度，甚至是生活哲学。每当劈开一个垂直领域，就能够实现赢家通吃。滴滴打车选择了一种高频场景切入以后，它切入专车、切入拼车，再到切入公交，就是顺势而为的势能之作。

第三，产品要有显著的优点，无论pinterest、Instagram、nice 或是美图，都得找到自己的禀赋，让使用者更自信，或者更傲娇。

场景诊断

领教工坊浙江海盐私董会

二零一四年九月二十日 星期六

提问：

实践场景『四即』方法论的前提，是先要让人知道这个场景。如果我们运营一个新的图片社交网站，如何让人们知道这个场景？

吴声：

图片社交是一种生活态度与信息处理方式。识别与摄影相关的创业机会，最好的办法是真正去洞察图片本身的场景属性：是旅行还是居家？是宠物还是卖萌？是二次元呈现还是像电影一样生活？每一个能够在当今生活方式潮流中被界定为流行爆发的场景属性，都是产业机会。除了常见的基于Photoshop、自拍、图片社交、达人分享等应用外，还有很多重度垂直的细分领域可以去开拓。

三个心法：

第一，寻找一个细分人群的生活场景需求，长期被隐蔽或者压抑的，在这种场景中，找到引爆点。举例说，在摄影场景中，引爆点可以是『陪闺蜜一起疯』。

如今『闺蜜』这个词和闺蜜文化，是新生代女性生活方式当仁不让的重要组成元素，能够重新组合既有的生活场景。当『闺蜜』+购物+旅行+餐饮+电影，新的场景如雨后春笋出现。原来，任你再上有老下有小，一年中也至少需要和闺蜜一起出去疯一次。这是一种特定的新场景。

『和闺蜜一起旅行』中最重要的交互和沟通形态，一定是拍照和自拍。而且在分享中展现出来的无所顾忌，无论自拍杆前的吐舌搞怪，还是苍蝇馆子里的大快朵颐，让我们每忆及就会津津有味，真实的场景被塑造成『杨幂唐嫣』一样的青春记忆。

进一步去细分，和闺蜜一起旅行购物也足够打动人心，富士山御殿场奥特莱斯、上海宜山路小店、清迈夜市，对轻奢消费的偏好，这些都呈现为小女生拍立得的千姿百态。所以在BBS濒临全军覆没的今天，55BBS依然残存着一丝生机，就是因其旅行购物晒单的价值使然。

● 场景诊断

领教工坊公开课

二零一三年十二月十二日 星期四

提问：

您讲到需要提炼出产品的核心能力，然后去不断叠加出新的场景，我拥有自主品牌的12家咖啡连锁店，这些连锁店如何定义自己的场景，实现差异化？

吴声：

首先要想清楚，咖啡的差异化是什么。雕刻时光在腾讯、罗辑思维、极客公园的办公区设置咖啡店。此时雕刻时光的DNA是被强化的，强化的方式是「咖啡学院」。它在我们能想到的富有调性、年轻人愿意追捧的公司形态里面，完成自身品牌生命的延伸和赋能。连锁咖啡店，叫不叫雕刻时光不重要。连锁并不是标准化的复制，不是商业模式的复制，而是在情感层面完成与用户的连接，在内容产品的输出层面造口口相传的分享，在利益相关方面前获得一致认同的社群标签。

品牌的情感能够被消费者真实感受，才能形成品牌的独特性。如果有12家咖啡连锁店，可能意味着12个青年思想文化的策源地，也可能是12个天使投资人见面的路演中心……这12家咖啡连锁店应该和谁连接？和谁跨界？如何把这种连接定义为新的价格能力和消费理由？找到运营者个人的主张，并找到所处空间的场域特征，就能够深入到肌理，如同方所成都店的哥特柱子与例外服饰、图书的混搭，让思想的咖啡豆引领我们上升。

咖啡厅无所谓杂货铺，还是书店，这个边界是日益溶解的，重要的是我们能够在这里慢慢沉淀气质和偏好，进而成为社群线下融合的接触点。无需考虑咖啡的定价，也不需要关心用户逗留的时长，甚至于这个场地可能就是3个创意公司的种子投资，可能就是两个图书策划品牌的永久发布会场地。铁路尽头，我们的12家咖啡连锁像【十二怒汉】的坚持，卓然屹立，飘向爱的远方。

雕刻时光咖啡学院

极客公园咖啡馆

● 场景链接

App 链接 /

in
寻求更好颜值的图片生活。

MONO
世界就遗落在你身后，我们不得不用有趣的方式去看待。

物语
讲故事的方式，微信文案 App 化的努力。

微信公众号链接 /

公路商店
少数派报告、杂志化电商。

三表龙门阵
短视频 + 标题党。

意思意思
图片的重要性在于围绕图片的文字，简练、意外。

图书链接

AKB48的格子裙经济学
〔日〕田中秀臣 著

无尺度网络的特点与互联网场景的流行颇为类似，中心场景容易获得更多连接。优先进入，新场景有必死"，挑战我们的阅读边界。新红利。大量的社会连接能将无数人的需求缩小成具象的可复制场景。

冰与火之歌
〔美〕乔治·R·R·马丁 著

宏大设定的想像，如同所有极致单品的未完成，这本充满无限可能的"主角必死"，挑战我们的阅读边界。

小块松散组合
〔美〕戴维·温伯格 著

2002年提出的自组织，正成为今天的变革之道。

将心注入
〔美〕霍华德·舒尔茨 著

在西雅图星巴克，想像我们的生活在此不停连接，这是另一种一路向前。我们因此努力，以使自己配得上自己的所得。

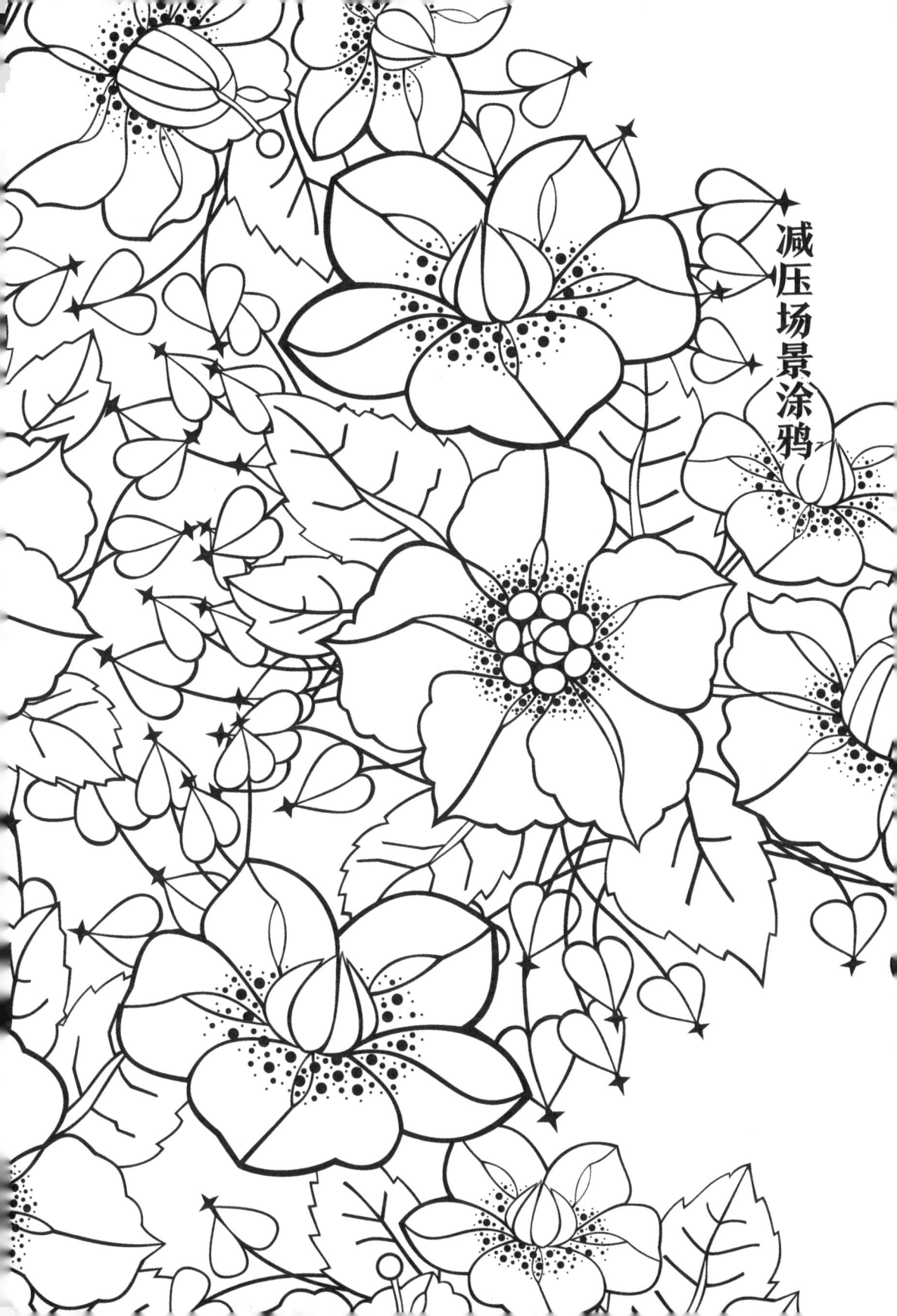

● 第四部分

场景的商业应用

第十二章 场景重构商业模式

○ 场景争夺成为今天商业升级和商业创新的必由之路。

○ 战略、产品、渠道、营销、流量、品牌，这些我们耳熟能详的关键词，今天都在被场景颠覆。

○ 场景动能＝渠道，场景成为传播的接触点和分享的触发点。

nice 与用户连接交互的密钥到底是什么？

nice 让年轻人秀出自我

作为国内首家"图片+标签"社交软件，nice 打造的照片+标签玩法，满足了年轻人潮流、个性以及积极的生活态度的表达。通过标签方式进行展示，比单纯的图片更能体现出图片所代表的内在含义，更加满足年轻人对"秀"的需求。

首先，nice产品打造的场景是一种兴趣社交，用户可根据标签来随时自定义自己的状态及心情。标签背后关联的大数据，比单纯的照片意义更为重要。nice根据关联的标签将用户分类判别，渠道被关系强制重组，成就了社交场景的兴趣新模式。

深夜食堂
深夜放毒，秀出你的美食，个性贴纸每晚10点到凌晨1点上线
扫描二维码，用贴纸，讲故事，来互动，看看有多少跟你一样爱吃，爱秀，爱美食的伙伴。（仅限发放美食哦~）

更重要的是，跨界场景是 nice 核心的合作方式。nice 的标签涵盖了衣食住行领域上万个品牌，如常见的苹果、可口可乐等。甚至，nice 还建有专门的品牌页面，如：耐克发布新款 AF1，用户发布带有指定贴纸和标签的照片，获赞数最多的前 10 名可获得该限量版 AF1 在 nike.com 上的 VIP 购买码。

nice 与草莓音乐节的跨界合作，不仅是品牌合作，更将线上线下场景加以整合。在草莓音乐节现场，nice 大玩"找朋友"功能，将最聚人气的贴纸从线上搬到了线下，拿到现场派发贴纸的小伙伴发照片打上标签，在 nice 刷出打同样贴纸标签的照片，即可约上此小伙伴一起玩耍。

nice 将不同的个性化标签或贴纸带入时尚潮牌和各种场景，并恰到好处地运用在图片上，将图片场景化、形象化，并赋予意义。在一个个通过场景形成跨界的过程中，nice 重新定义了图片社交的商业模式，自然也就找到了更深层次与用户连接交互的密钥。

○ **场景洞察**

社交媒体是场景时代必不可少的要素，用户不断通过各种社交平台明确自己的喜好、所处的位置以及所寻求的生活方式。

随着社交媒体与移动设备、大数据、传感器以及定位系统等技术的结合，社交媒体将成为极富个性化内容的源泉，成为兴趣点的集中体现。通过关联兴趣点，社交模式不断迭代新的连接方式。nice 正是通过这些内容和技术，使得用户不断进入并分享有关自己是谁、正在做什么以及接下来可能做什么等各类场景，最终实现与自己有相同兴趣爱好的"陌生人"的连接，不断重构自己的社交关系网络。

旅行是我的解药

摩登都市、沙滩阳光、乡野小镇……哪个是你旅行中的最爱？

扫描二维码，分享你旅行的照片，标记地点和心情标签，在 nice 来一场说走就走的旅行！

当 nice 开始跨界将各类时尚潮牌与用户标签加以整合匹配时，它所改变的不仅仅只是个体的生活方式与社交图谱，更是在重构具有亚文化特征和社群势能的场景 O2O 接触点。

nice 标签现在的链接只是品牌展示，尚未取代现有电商模式成为移动电商的主流形态，但其加入购买页面指日可待。原因很简单，nice 在塑造个人社交标签、亚文化流行的同时，让真实场景需求与冲动消费无缝对接。这不仅意味着新的购物入口，更是从用户、产品、营销、渠道等维度对场景电商可能性的另一种全方位解读。

○ **场景延伸**

PM2.5 火了空气净化器，也让防污染成为化妆品在美白补水之外的新标配。自拍兴起的背景下，自拍杆俨然成为天猫、京东中一个神奇的品类。在微信环境中，智能手环的步数可以兑换天天酷跑的游戏金币。

移动互联网给了我们一个前所未有的机会，可以把人和一切供给、需求方便地通过"场景"建立连接，让这种连接在有需要时随时被激活。新的场景正层出不穷地被定义，新的品类不断被新需求创造，新的商业模式也正被不断升级重塑。

所以，场景时代的到来，意味着全渠道的溶解与融合，意味着场景争夺成为今天商业升级与创新的必由之路，这是场景商业应用中不可逆转的趋势。

为什么优衣库是自由表达的互联网时尚？

摇粒绒、UT、牛仔裤、卫衣、羽绒服，优衣库的爆款战略和基本款路线，使其品牌具备了极强的品类感。各大主题购物中心和比邻潮流区域的选址，品类＋地址快速制造了青春场景地标。

优衣库与漫威合作的爆款产品

即时通讯软件 Line、漫威电影《复仇者联盟》、全球咖啡连锁品牌星巴克、知名设计师吉尔·桑达（Jil Sander）、经典绘本大师李欧·李奥尼（Leo Lionni）、时尚意见领袖卡琳·洛菲德（Carine Roitfeld）、法国模特伊娜·德拉弗拉桑热（Ines de La Fressange）、网球明星德约科维奇（Novak Djokovic）、美国歌手法瑞尔·威廉姆斯（Pharrell Williams），大胆自由的跨界，不仅使优衣库品牌潮流度居高不下，更通过势能交互，长期位居城中话题榜前列。

搭出色、优衣库排队、中秋节法兰绒设计游戏、HeatTech 热传递快跑游戏、摇粒绒拼图游戏、全球街拍、优衣库食谱，长期坚持分享的内容分发机制，使优衣库用户的内容主动传播能力持续社群化，香奈儿外套搭配优衣库衬衫也常常为优衣库达人津津乐道。

旗舰店、海报、App、H5、微信、京东、天猫，优衣库穷尽年轻人当下的时尚轨迹与消费路径，有效管理自由自在的时尚接触点，使高性价比与年轻的生活方式成为相得益彰的品牌价值。

这是典型的场景方法论实践。用场景连接消费者的一切，完全从消费者自身需求出发，精心设计消费者不同路径的跳转可能，从星巴克的咖啡到网球赛场上的巅峰之战，到风靡全球的 Line 表情，到影院爆棚的漫威电影，流行借助优衣库的限量 UT，不断传达优衣库风格的无限可能。"优衣库不是广告，而是有用的信息、好玩的玩法和有趣的体验"，在此，我们把这样的快时尚定义为优衣库场景。

○ **场景方法**

传统商业模式的产品、价格、渠道和营销方式将被场景革命重新塑造。产品维度，是产品即场景的解决方案，流量也因此场景化；价格维度，是基于场景的分享即获取，同时包含分享成本和信任溢价；渠道维度，是跨界即连接，连接无限可能。营销维度，流行即流量，场景引爆品牌。

移动互联时代的个性化在商业领域正呈现出越来越明显的社群化与场景化特征。社群激活产品从需要到想要，我们也已经不能按照需要模式描述商业关键词：战略、产品、渠道、营销、流量、品牌。这些我们耳熟能详的关键词，都在被颠覆。

1. 场景定义 = 战略

身处场景时代，定义场景成为一个基础动作，定义什么样的场景就意味着要做什么样的事情和不做什么样的事情，也决定了企业和品牌的战略方向。

比如大受女生追捧的日本酵素产品，其连接的场景就是女生对消除脂肪的日思夜想。如果品牌能够重新定义"减肥"这个场景的情感价值与连接的可能性，也就确定了自己的产品、全渠道以及用户经营战略，所以场景定义的过程恰恰是产品不断找到自己的专属，以及品牌战略不断地去付诸实施的过程。把减肥换成断舍离的表达，一场横扫全球的瘦身革命催生了各类排毒套餐与轻断食果蔬，是 HeyJuice、维果清、纯亨、JuiceUp、斐素（FSJuice）果汁。

可以将极致单品的设计作为企业的主打能力，也可以突出多渠道是企业的核心优势，但真正决定企业战略差异的是场景的定义方式。我们真实地模拟出应用场景和使用场景，战略的过程就已经从制订进入到实施路线图。

纯亨轻断食产品

HeyJuice

斐素（FSJuice）果汁

2. 场景方案 = 产品

定义场景是战略，特定场景的应用方案就是产品或者服务。只要是满足一种特定场景的解决方案，产品本身就具备了可交换的价值和可购买的理由。而这种可交换的价值、可购买的能力，也意味着用户须为场景解决方案付费。

这个解决方案可能是我们在 QQ 游戏，或者在 QQ 音乐里付费购买的蓝钻特权、绿钻特权，从普通到更加优质的解决方案。尽管是虚拟服务，仍有大批用户愿意为真实的体验埋单。如同游戏中的道具购买和虚拟社区的送礼比拼。

同样，当电影院被定义为情侣约会场景时，电影票只是场景解决方案中的原始配置，这个方案可能还包括冰激凌、爆米花、碳酸饮料，或者是《变形金刚》《小时代》的各类衍生品。甚至完全不再需要纸质电影票，而是与格瓦拉相匹配的观影套餐，或者是跟猫眼相契合的增值服务，也可能是影城（万达、星美或是CGV）的会员卡体系。所有这些连接虚拟和现实的场景解决方案，才构成完整的消费动机。

解决方案的核心是独特的场景体验，是产品在场景体验中的可交换价值与能力。我

【小时代】电影海报

们理解了这个逻辑，产品研发从内涵到外延都可以获得极大的拓展，产品不再是某一个单品。当然，场景解决方案的研发和新品类的开发并非一劳永逸。移动互联网会放大个体的消费精神，也会快速迭代不断增长的消费需求，当新的场景需求被目不暇接地推出时，也就意味着场景的解决方案需要被刷新。

产品成为场景解决方案中最重要命题和基本逻辑，也就是让产品和服务回到与用户连接的原点角度：用户参与更加前置，即从产品和服务的研发阶段，就把场景和用户的需求连接在一起。

3. 场景动能 = 渠道

渠道的核心是流动，包括商品的流动，也包括信息和资金的流动。传统营销思维下营销和销售的通路是分开的，即商品和信息的流动是分开的。场景思维下，商品和信息的渠道却是融合的。我们理解的渠道，已经不在乎天猫还是京东，微信还是微博，更多是关注渠道能不能让人感觉到连环场景和连续转化。

我们反复强调这个时代商业活动的核心是人，那么人的动作就是场景的核心，这个动作包括线下的行为，也包括线上的点击和触摸。所以，今天渠道的关键已经不是静态的销售平台，不是互相区隔的营销通路，而是人的传播分享形成场景的链条：让不理解这个场景的人去理解这个场景，喜欢这个场景和接受这个场景；让喜欢的人去解释，去分享这个场景；让场景的偏好者主动去推广，主动去复制。这时，场景才真正具备动态的能力和能量，从而形成新的渠道价值。

渠道在移动互联网的生态体系里，包含公众号、微店以及微信场景，也包含了线下的亚文化小圈子和周边的社区便利店、24小时超市。在动态的场景思维下，商品陈列和表达已经无所谓，运用虚拟现实技术，VR+零售，我们甚至可以期待新的虚拟商场的出现。我们更在乎的是场景本身能否通过人的连接、分享和传播，快速构建可分发的渠道。这就是新的渠道模式。

场景越有传播能力、越有动能，渠道越容易形成。判断一个场景是否有传播能力和动能，有以下三个标准：第一，这个场景本身是否有内容，让人有转发的欲望；第二，这个场景本身是否足够真实，让人有体验的动力；第三，这个场景能不能形成一种基于亚文化的人格，让人能够感受到一种温度，愿意参与和亲近。场景中这样的内容越多，传播就越有动能，那么渠道力就越强。

所以，本质上场景变成了传播的接触点和分享的触发点。

场景的渠道模式下，营销信息与商品的融合，使广告就是内容，内容就是渠道。所有品牌、公共关系、营销、终端在场景动能的引导下，实现一体化的节奏。

4. 场景势能 = 营销

具备传播能力和场景动能的渠道代表着临门一脚的可能性，但势能代表的是连环过程中品牌、用户愿意去连接场景的可能性，因此场景势能是营销的核心。这一核心在于能不能挖掘出场景的灵魂，此时作为场景解决方案的产品本身，代表的是一种新的生活方式的发轫和开端，是场景的核心芯片，也代表这个场景具备扩展和延伸的能力。

现在越来越多的品牌愿意去植入场景，愿意主动与场景连接，这就是营销在今天的意义与价值。市场推广的声量和能量，决定了推广的核心已经不是品牌中心化的驱动，而是去中心化的背书、连接和因为品牌本身更加富有调性，更加葆有生活态度形成的连接意愿。

产品势能会在跨界和连接的过程中形成，变成市场期待的营销成果。比如同样是购物中心的侨福芳草地，它被认为是最好的音乐会举办场地，是最有品位的婚庆场所之选，也被分享成最好的亲子活动中心。不同的品牌和生活方式都会为其背书、传播，使之变成热门话题。所以，当场景有被连接的意愿和让人主动连接的可能性时，

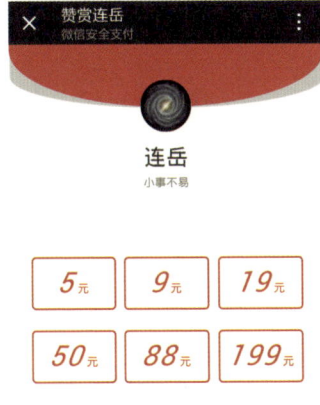

这种势能就是我们梦寐以求的营销结果。具备这种势能，营销水到渠成。

5. 场景细节 = 流量

这个命题与场景动能等于渠道，场景势能成就营销流量具有相关性：技术和商业的进步，使场景与消费者的接触点越来越具体，而越具体，转化率就越高。

我们在线下购买面包或者图书，往往需要一个包装，如果扫下一旁的二维码就可以免费获得一个环保袋，环保袋就成为场景里面最真实的细节，这个真实的场景细节就促成了转化。同时，用户的扫描行为，也是一种投票；每个人的扫码，汇集起来就是可挖掘和洞察顾客偏好的大数据。通过结构化的数据，企业可以针对客户进行精准营销和产品的个性化定制，提供特定场景解决方案的品类组合。

在微信公众号的场景生态中，流量的形成，不仅意味着完成了一个完整变化的动作，还意味着在内容细节上对用户的触动。我们会愿意为微信公众号中打动人心的内容细节送去赞赏；而品牌如果也愿意为这些"点赞"打赏一笔钱，点赞和打赏的连续性动作，就是用户黏性。场景细节的核心是体验的细节，体验的细节形成了决策的依据，决策的依据就是营销的临门一脚，最终转化成高质的流量。

6. 场景故事 = 品牌

场景故事等于品牌，也就是说在场景理论中，消费者对品牌的感知已经不仅仅是对形象的感知，而是对品牌的故事、温度、人格等综合维度的感知。

看顾爷的文案，不管"对白"，还是"男人味"，都是讲故事，讲得越一波三折、起伏跌宕，越能说明这个故事本身的描述就是品牌的核心，而工业时代的品牌或者标志则越发次要。这就是今天各类产品发布会为什么都情怀泛滥、态度激扬，都在讲天生骄傲和特立独行。

现在很多品牌也开始将自己还原到场景里，倡导具有品牌内涵的生活方式：特斯拉强调极客精神，塑造敢于冒险的新生代企业家形象；Jeep"理智在左，情感在右"则强调最纯粹的坚持与最极致的探索；杰士邦关于"上亿"的一个梗是：我有个上亿的项目要跟你谈谈……它们都很好地示范了"品牌就是场景故事"的新商业逻辑。

无论个人品牌，还是产品品牌，都在突出场景故事。场景故事中，产品不是第一要素，关键是我们赋予产品什么样的连接场景，其核心要义特别简单：让品牌更加有魅力，更加有人格，更加体会到场景的温度感。至于具体的讲述方式：可以是故事的文案，让品牌更加有情怀，更具有人格魅力；也可以是场景无所不在的表现细节，可以是图片、视频、音频等一切可呈现的表述形式。

Jeep 广告

第四部分 | 场景的商业应用 | 193

杰士邦广告

7. 场景用户 = 社群

场景对用户进行了重新的格式划分。场景思维下，品牌面向的目标用户更多时候是对不同细分场景的聚焦，如同在不同线下环境的不同人群，会因为喜欢同一个产品或者同一类服务聚集在某个线上社区，这就是一个社群。社群的形成，可能是基于这个场景拥有共同的价值观，或是对这个场景倡导的生活方式有着共鸣。

我们发现有很多关于亚文化的场景，例如《千与千寻》《火影忍者》为代表的日本动漫，《生活大爆炸》《纸牌屋》为代表的美剧，以及《神庙逃亡》《刀塔传奇》为代表的游戏，以密室逃脱、《三国杀》为代表的O2O娱乐，以黑暗料理、极地探险为代表的重口味，以李志、Uptown Funk 为代表的单曲循环，以花笙记、无用为代表的文艺范……用户会被精确表达，而这种表达会带来特别的身份认同，越认识到价值观的一致性，社群动力就会越强。1个人的认知不明显，但是1万人就不一样了，达到10万人，蚁群效应就会出现。社群激活的不仅是一种连接属性，也包括了一种集群价值和动能。清晰定位场景的特定用户，有意识去经营社群与用户，我们就能比较方便地创造新的场景需求、新的品类、新的定价方式、新的渠道，从而形成一种正向循环和反馈。

在一个场景中，用户基于同一个亚文化的需求，就容易形成社群，但社群需要平台有意识地去运营和组织，才能让这个社群的动能持续累积和沉淀：

首先，品牌要准确认识自己的产品，只在用户需要时才出现，在无须产品和服务的场合，要"安静地做一个美男子"，所谓"行于所当行，止于所当止"，这是微博表现。

其次，要时刻洞察社群体验，使品牌/产品的内容、活动本身成为社群的需要，成为社群存在的价值，从而带动用户的主动参与，这是百度贴吧表现。

最后，基于社群价值做内容建设和内容运营，社群的内容能力是价值所在和动力所在，没有内容，也就不存在社群，这是微信公众号表现。

第十三章 场景在商业应用中的分类（上）

○ 高频场景容易获取用户，低频场景容易获取高毛利。

○ 重度场景容易形成产业链，轻度场景容易形成先到者先得的壁垒。

为什么是河狸家，而不是河狸甲？

"把店拆了，让人上门！"

当雕爷喊出这句豪言壮语的时候，还没人意识到移动互联网正在重新定义美业行业的产业模式和应用场景。

第四部分 | 场景的商业应用 | **199**

河狸家上门美甲场景

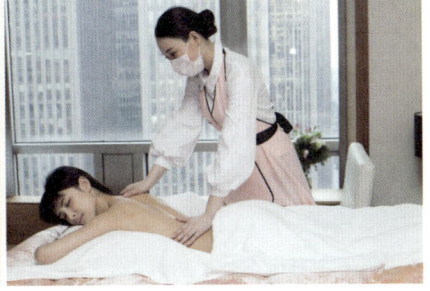

直到现在，当越来越多的人通过 App 下单，让美甲师上门干活，享受足不出户的优质美甲服务，付出与线下门店相比至少低了一半的价格；当越来越多的美甲师和老板说"再见，我要去做自品牌了"的时候，人们才发现，河狸家已经玩转 O2O 美业服务场景的游戏规则。

不出门，在家的场景中也可以变美丽
扫码立获河狸家 50 元代金券
有效期至 2015 年 12 月 1 日

自 2014 年 3 月上线，经过短短一年多的运营后，河狸家日客单量峰值超过 10000 单，平均客单价 150 元以上，用户数量超过 100 万，C 轮估值近 3 亿美元。

在此基础上，河狸家将上门服务场景的品类迅速增加，扩展了美睫、手足护理、造型等品类，2015 年 3 月上线的美容业务在随后的两个月掀起了一个小高潮。美容业务上线第一天，河狸家所有美容师前 3 天的订单就全部约满。这其中有相当一部分用户是之前美甲业务积攒的老用户。由于服务对象是同样的群体，河狸家基于美甲品类的成熟运作经验以及消费者对平台的信赖和忠诚度，成为河狸家成功横向拓展品类的巨大助力。

至此，河狸家通过服务场景转换，彻底颠覆了传统美业的经营模式，改写了女性追求美的场景体验。它也通过一系列品类的扩张，抢占了美业 O2O 的先机。

这些还不够，2015 年 5 月 15 日盛大开幕的 515 手艺人节，在线上征集各式各样或奇葩或高级的手艺人，如酸奶制作、葡萄酒品鉴、插花体验、上门讲故事等，不一而足。这中间隐含的更重要逻辑是，河狸家通过这种方式挖掘了更多的用户应用场景可能，从海量的手艺中筛选出具备商业价值的手艺，从更多的维度满足中产阶级，尤其是女性对更好生活品质的追求。而连接人与手艺人的新场景创造则让这家 O2O 公司更具生态入口之相。

○ **场景洞察**

> 河狸家的商业模式，是一个典型的场景应用三段论：从美甲到上门服务，到成就手艺人的平台，再到形成所有与家庭场景相关的解决方案。选择美甲切入的方式和传统电商逻辑一脉相承：用户的消费习惯很难被改变，要制造爆款，必须一招制敌。用户一旦进入我们的场景，就要黏住他，锁定他。让消费者从一次性的用户变成重复性的拥护者，直到会追随价值观，认可我们倡导的生活态度和品牌哲学。

河狸家为什么选择美甲而不是美容、美发等领域切入O2O？因为对于美容，人们信任成本高，属于难以冷启动的场景；美发是一个低频场景，用户重复消费的次数少。而美甲在女生群体中，可以说是一种刚性需求，很多人一周一次，甚至是两周三次，与美容、美发相比，美甲就变成一种相对高频的场景。

从上门的美甲场景切入，是在获取信任，获取用户的黏性，获取高频带动低频场景的能力。高频场景是用来获取新客户，河狸家因此不收美甲佣金。通过高频场景获取用户后，可以选择在低频场景获取较高的毛利率和客单价。

在河狸家最底层的逻辑里，隐含着对手艺人本身的成就。定价策略、毛利率、用户偏好度，在看上去非常简单的上门美甲服务背后，却有如此大的企图心和可能性。就像爱空间，并不是699的成本定价，而是对年轻人的解放，这是价值观的胜利。

所以，它不是河狸甲，它叫河狸家。

○ **场景延伸**

高频场景再具体细分，可以包括与我们的生活方式息息相关，每天都会接触到的重度场景。

比如跑步，现在就属于重度场景，因为它已经变成了一类人群的最大公约数。也因此，跑步衍生出大量的产品和服务，硬件方面包括各种可穿戴智能设备，如Apple Watch、竞相亮相的智能手环、各种专业的跑步装备，以及还有适合跑步的手机壳、运动型耳机等；工具应用则有Nike+、咕咚运动、Runtastic等各类跑步App。我们可以看到，围绕跑步已经形成了一个丰富的产业链。

这种消耗量大、使用人多、俨然成为一种生活方式的场景，就是重度场景。

 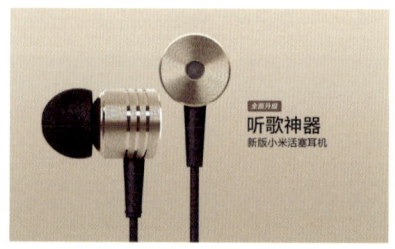

小米手环和耳机

同时,很多原本相对轻度的场景也正在不断被重度化。假若抓住轻度场景向重度场景转化的机会,就有实现弯道超车的可能。

以汽车相关场景为例,以前汽车属于典型的轻度场景。但现在购车用户越来越多,用户在汽车里的时间也越来越长,所以这个轻度场景在发生变化。

相应的,洗车保养业务也在快速地被改造。过去 4S 店当仁不让,现在却被边缘化了。为什么?类似卡拉丁、博湃这样的汽车后市场服务与我们个人生活的相关性越来越高,使用频次越来越高,代表了我们对于汽车和自己生活的要求是一样的讲究和苛求。

卡拉丁上门汽车保养

当场景从低频变成高频，从轻度变成重度，在类似的场景转换过程中，蕴含了大量的商业机会和创业机会，代表了一种新的风口能力和红利价值。这个话语体系也叫"互联网+"。

○ 场景方法

品牌要真实地建构和消费者的情感联系和家庭的场景连接，然后围绕这种联系和链接，生产创造出相应的互联网内容，构建自己特立但不独行的商业模式。这些逻辑的第一步，是我们要对自身可能连接的场景有明确的定位和细分。

1. 通过"高频场景"获取用户

高频场景是单纯按发生频次细分的场景，因发生率高，容易获取用户。

2. 通过"低频场景"获取高毛利

低频场景虽然发生率低，但由于场景本身的稀缺性，往往存在严重的信息不对称，因而具有高客单价的机会，也是最容易被移动互联改造的机会场景。

3. 通过"重度场景"形成产业链

高频场景再进一步,与生活方式息息相关、每天都会接触的场景,可称之为重度场景。重度场景容易形成产业链。

4. 通过"轻度场景"形成壁垒

轻度场景一般指生活中某些特定的场合,轻度场景通常意味着稀缺,但并不代表价值缺失。轻度场景改造之后容易形成一种先到者先得的壁垒。策划派对主题、玩法攻略等全套场景解决方案的社交应用"奇趴",正是精准洞察了派对作为轻度场景在时下年轻人中的高开发价值。

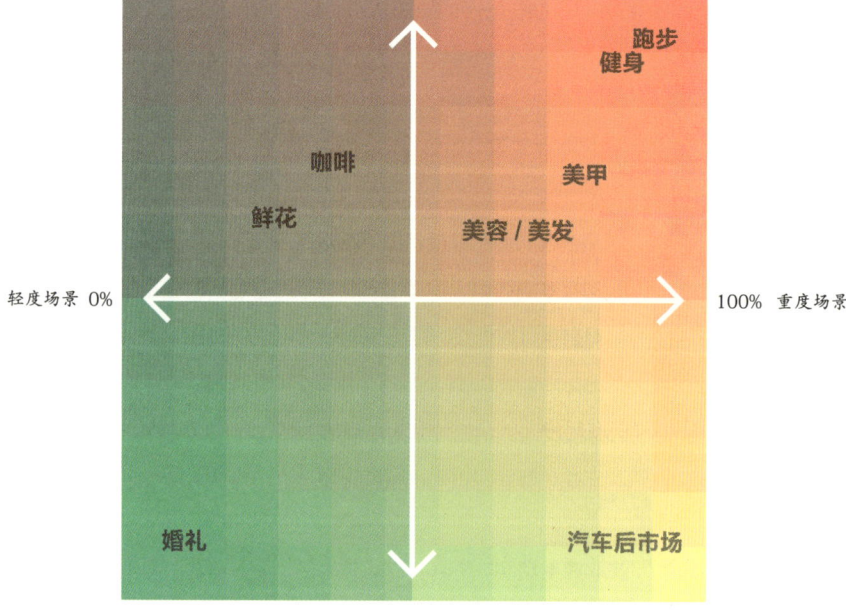

高频、重度场景，与日常生活场景息息相关，用户重复消费的发生频率高。它可能是我们每天在家庭或办公情景中都离不开的日用单品，也可能是已经击穿不同亚文化场景成为主流生活方式一部分的场景体验，例如健身。

高频和重度场景接触、获取目标用户的成本较低，也更容易成为企业蓄势待发的新产业领域，但也很容易红海化。

而低频场景，尤其是轻度场景，用户重复消费的频率比较低，可能是用户需要长期使用的东西，也可能因其代表特定的体验与情感意义，一生消费次数寥寥无几，譬如婚礼场景。

无论如何，由于消费频率低，尤其具有特定的体验需求时，用户对低频、轻度场景提供产品或服务的质量就会很在意。这时，用户对产品价值的关注往往会高于对价格的关注。如果品牌能够与用户达成情感共识、提供尖叫感的产品或服务，就可以获得丰厚的回报。所以，低频、轻度场景的难点是在消费者非常少的重复消费需求下，如何有效地到达消费者。

这些维度的场景细分是相对的，我们要意识到并善于利用从低频向高频、从轻度向重度的场景转化机会，这可以帮助品牌实现从 0 到 1 的建构。

第十四章 场景在商业应用中的分类（下）

能够真正形成场景的定义能力和情感连接能力的，恰恰就是密度场景。

广度向密度的转型，核心方式是跨界和混搭，通过更加深度、强势的连接，形成新鲜度。

遇上野兽派,遇见的是鲜花心情,还是关于生活美学的想象?

2011年诞生于微博场景的野兽派,从最初的线上传奇花店成长为艺术生活品牌和鲜花高端品牌O2O的引领者,跨越的是从网红到中产阶层审美需求的提升。

野兽派陆续开设的店分布在上海连卡佛、上海新天地、北京国贸三期JOYCE店、北京SKP、三里屯太古里,这些地标场景也代表了城市的气质标签。野兽派风格各异、美而有趣的实体店铺,不仅有自家设计制作的风格单品,亦有从全世界搜罗的气质相投的花艺、家居、艺术品和个性配饰。

当野兽派从高端鲜花,发展为关注审美细节以及不为潮流左右的品味,再到赋予一花一物自由自尊的品格与腔调,其基于情感连接的跨界合作和艺术空间打造就是最自然生动

喜欢有腔调的花吗?
扫码进入"野兽派"微信商店,输入"场景革命"即享50元特别优惠。
有效期至2016年7月1日

野兽派高端鲜花场景

的表达。彭于晏蛋糕、鲜花冰淇淋、爱马仕"上下"合作，次次出人意表却都意味深长。

无论是根据莫奈名作《睡莲》原创的"莫奈花园"，在明星婚礼上全程参与制作的鲜花产品与手礼，还是为上海南京西路三叶草旗舰店 Adidas Originals × Mary Katrantzou 的印花合作系列展览量身打造的鲜花镜面装饰台，在"Design SH 2015"中看客们相约"See You at The Beast！"的野兽派小树林，你都能感受到鲜花作为审美核心元素所延展的美学态度和情怀。

这些鲜花应用场景中,野兽派不断创造用户新的情感需求和尖叫体验,遇见的自是不期而至的美好,关乎爱,关乎承诺,也关乎明亮的鲜花生活。

○ **场景洞察**

串联情感意义的"密度场景"

密度场景是基于社群连接,能够串联起不同生活情景的情感场景,它代表与用户情感连接的强度和密度。

野兽派重塑的不同鲜花体验情境就属于典型的密度场景。鲜花体验在这里是一种连接情感的工具。鲜花能够串联起各种祝福等有意义的生活场景:鲜花被定义为表白利器的时候,用户往往对价格不敏感,甚至希望它是最贵的;当鲜花被定义为祝福的时候,用户就会考虑各类花语,更重视内容表达;在结婚纪念日等大量使用鲜花的场合,我们又希望大簇的鲜花能够向所有人传递自己身在无比幸福中的喜悦。

此时,对鲜花场景的争夺很多时候都在鲜花要有调性,甚至价格更高。是谁希望野兽派、魔幻主义、诗集这些层出不穷的小清新、文艺派的鲜花卖1314元?一束巴塞罗那玫瑰300元起步,三朵厄瓜多尔玫瑰至少999元。出现这种情形,不是消费者对价格不敏感了,而是消费的场景变了,消费者获得满足的体验维度变了,鲜花本身对消费者的价值指向也为之改变。

支付宝晒账单

能够真正打造场景的定义能力和情感连接能力的，恰恰就是密度场景。开发基于密度场景的应用，实现多点的连接、连通和互动，是场景应用开发的核心标准（当然前提是我们的用户量和流量能力足够真实）。

○ **场景延伸**

从工具应用到社区应用的生死穿越

支付宝和微信具备成就密度场景的能力，所以它们现在是超级入口。

当支付宝推出"十年账单"的时候，我们还认为它只是一个简单的移动支付工具吗？不是。它已经成为我们对自己生活的个性表达，成为牵动我们日常思绪的真实故事，是让每个人欢喜、感动，甚至潸然泪下的感慨万千，以及对未来土豪生活近在咫尺的畅想，代表作就是微信文案"揭秘：梵高为什么自杀"。

此时，支付宝完成了向密度场景的完全进阶，产品不再是冷冰冰的工具应用，而成为具象的魅力人格化品牌。反观，工具类 App 尽管装机量很大，但缺少情感连接能力，杀毒 App、优化 App 等都无法实现与用户情感的连接。

在这个逻辑的基础上，工具应用无法具备密度场景的能力，但是具有亚文化和情感表征的社区应用有天然密度感。

如果开始做的就是工具应用怎解？

美团是成功的转型案例。美团开始是工具型应用，但是因为高频的生活习惯，在商业模式上所有的延伸和拓展都具备了消费者心智认可的合理性，这时美团就会更生活化。由此美团不断延伸出新的场景和内容，包括猫眼电影、美团外卖、酒店预订等。美团从原来的团购工具应用，进化为场景和社区应用。美图亦是如此。

对有情感连接价值的密度场景的定义，永远是真实的内容触动大于形式的华丽炫目，而非形式大于内容；因此，以做一个好产品的态度和方式去做场景的定义及推广，附加的情感意义不是无病呻吟，而是基于功能的沉淀。这是支付宝、美团、美图的启示。

○ **场景方法**

密度场景的相对表达是广度场景，比如说软饮、可乐、咖啡等，它们重复消费的频次高，但本身并不具备特别的情感意义和价值。

从商业价值角度的考虑出发，所有的广度场景也都要向密度场景转型，以实现一种连接的亲密感，从而提高场景中产品或服务的附加值。

为什么广度场景要向密度场景转变？

奢侈品品牌酒店

原因在于，在互联网时代，我们的品牌必须通过更加深度的连接形成消费者的情感共振。我们发现诸多奢侈品品牌如阿玛尼、范思哲、菲拉格慕、米索尼、莫斯奇诺、宝格丽都在做酒店，这绝非偶然。事实上，只要是与生活方式相关的品牌，不可避免都向酒店业进军。

这是基于什么样的消费行为洞察？

因为酒店是最能承载消费者情感记忆和共鸣的场所，是食、住、行、游、购、娱的综合场景，也是最能造就"生活在别处"之感的新场景。只有酒店既能反映品牌故事和文化，又能展示品牌的细节和体验层次的丰富度，同时还能形成一种强烈的消费者情感连接。在其中，细节越多，场景感越突出。我们看到酒店大堂吧咖啡桌上的布置，如果仅仅是单一的鲜榨果汁或茶，就是一个很普通的场景，没有感情；如果这时，桌上出现一个小小的欧式插花或者其他手工陈设，整个氛围会为之一变，变的是场景，也是价格。

第四部分 | 场景的商业应用 | 215

Fitbit 和 Tory Burch 合作推出的智能手环

这就是从奢侈品零售到大众快消品，为什么会有 Miss Dior 展览、多芬女子（你没有想象中的那么糟）这样看似无用的提案。事实证明，最终这些无用之用是大有之用，它们完成了品牌与消费者的情感连接和共情想象。

如何完成从广度向密度的转型？

核心方式是跨界和混搭，通过更有深度、更加强势的连接，产生新鲜度。

Fitbit 和 Tory Burch 合作推出智能手环，把已经成为红海的智能运动手环点化为更加时尚优雅的快时尚产品。这款披了"美丽外衣"的智能健身手环，在 Fitbit 官网上售价 195 美元，并且大受欢迎。

看到这样的跨界产品符号，还会有谁说科技和时尚不能兼具？还会有谁说这只是一个简单的、无法赋予情感价值的可穿戴设备？

半木空间

"半木"不仅是家具品牌,也是家居和生活方式主张。不锈钢与原木混搭的首创,东方文化与西方结构的融合,产品与空间关系的考量,设计师吕永中打破边界的审美意识,无意间成就了因地制宜的跨界之作。取半舍满,名实相符,思想自由,人性化高度舒展。

所以,广度场景要向密度场景转变,关键在于必须将品牌进行更加深度的连接,形成新的消费者心智确认。现在,还有人单纯强调自己的新闻客户端装机率很高吗?如果新闻客户端激活的用户比率很低,没有人愿意跟帖,这个客户端就没有活力。网易新闻客户端之所以能够脱颖而出,恰恰因为很多人看网易不是看新闻,而是看评论——"我们网易的用户'真有才'"——类似"每日轻松一刻"交互和参与,是很真实的刷屏体验,能够形成场景能力。什么样的应用形态、是不是线下的入口,对于移动应用来说都不重要,关键是能否形成高频场景化的能力、重度场景化的能力和密度场景化的能力。

第十五章 场景成为传统产业转型为数不多的机会

传统产业互联网化最有效的方式是让自己成为这个时代年轻人的平台。

未来的商业模式是所有的产品从一开始就是在迭代,它从一开始就是未完成的。

为什么柳传志要向年轻人请教？

柳桃

2014年10月8日，柳传志在"罗辑思维"上发英雄帖，为联想佳沃生产的"柳桃"征集营销方案，并点名向雕爷、白鸦、王兴、同道大叔、王珂五人求教。

这篇"求营销"的求教帖，事后被证明就是柳桃最好的营销方案。

很快，柳传志卖柳桃的事件被一篇一篇回应炒得越来越热。

柳传志的"英雄帖"10月8日发出。9日，同道大叔回应，建议可以结合星座卖柳桃；10日，雕爷回应，认为应该学褚橙打情感牌；11日，"罗辑思维"社群来稿，从包装、体验、玩法上支招；12日，王珂直接录制视频帮柳桃打起了广告；13日，白鸦回应柳桃可以直接作为一个社交工具；14日，王中磊响应。同时，柳桃事件在"罗辑思维"的微信公众号上累计点击超过500万次，被网友转载至各大社交媒体刷屏。话题发出几天之后，项目组收到了来自全国各地网友的5000多份策划案，当天即达3000余份。

"罗辑思维"根据几天内投来的方案发起了柳桃预售，推出"成果""结果""赤果果"3个不同版本，还为王中磊订制了"撒娇版"。

16日发售当天，从早上6点多钟柳老的微信语音开始，先是搭配有稻盛和夫《干法》、李泽厚《美的历程》的组合版本，最后是只有4个猕猴桃的"赤果果"版本，到上午11点多，一万单全部下单完毕。

○ 场景洞察

柳传志柳老代言农产品，从中国传统农业和食品行业的维度解析，似乎是非常顺理成章的设置。问题是，在这个设置中如何接入互联网的基因，同时又不是简单的商业化推广。

最终，方案定位在"柳传志向年轻人请教"。因为在一个解构的时代，联想30年的丰功伟绩不重要。柳传志的请教姿势，再次证明了自己清空、重新出发的企业家精神，也代表了这个时代最正确的互联网姿势。

联想佳沃选择"罗辑思维"首发柳桃，被看作是"有相当用户规模的一个社群，和有魅力人格基因的产品之间的一个实验"。这种表达方式很容易在互联网上形成一种"势能"，把包括柳桃、佳沃、柳传志、"罗辑思维"在内的所有连接价值串联并放大。

从这个意义上讲，与其说是一个优质的柳桃，不如说是由佳沃推出的柳传志魅力人格的标签。柳桃为认同柳传志和联想创业精神的人，也为认同"罗辑思维"价值观的人，以及在这个过程中形成各种薪火相传正能量，甚至是吐槽负情趣而交互的人，提供了绝佳的情绪入口。这个事件给联想佳沃带来的话题量、品牌传播和忠实用户数，在整个微信生态里面都异乎寻常的惊人。

所以，"柳传志向年轻人请教"不只是一个简单的新媒体营销事件或营销前置，而是传统产业在移动互联时代转型的重要心法。它表明，这个时代，传统产品的商业模式从内核主张到渠道的界定逻辑都在发生巨大的变革：不只包括极富性价比的情怀单品，也不只是传统产业在面对无数个小时代的"营销"去中心化逻辑，更隐含了需要有高互联网能力的团队在决策、执行等整个过程中的结构性配合。

○ 场景延伸

老树新芽：当传统遭遇互联网转型

传统产业在场景时代的转型，不只是打造简单的互联网平台销售的单品，而是需要有真正互联网能力的团队参与，能带动线下、线上渠道，与用户形成连接，匹配目标人群需求，形成完整的产品逻辑。

传统产业转型的关键一步就是，能否在品牌现有的产品和服务所提供的价值之外，创造基于新场景的附加价值，并为消费者创造独特的体验。

同样是卖家具，宜家就更加重视简约、引导潮流的样板家具在生活场景中的效果呈现与个性化体验，甚至借助好玩的儿童游乐区，性价比很高的瑞典肉丸、热狗、冰

爱生活，爱探索，每个人都可以是文具控。
扫码关注晨光·文具控

第四部分 | 场景的商业应用 | **225**

[Recording]
随身、随心。在时光中找到自己。

淇淋和咖啡的搭配，来不断提高场景附加值。

国内文具领导品牌晨光在2014年推出了国内文具业第一款真正意义上的互联网产品——集客。这款从设计、生产、传播、销售都在互联网思维下展开的集客套组，首发平台是"罗辑思维"和"晨光·文具控"微信公众号，不仅满足了"文具控"的高格调需求，还在微信、微博和电商渠道中造成强话题，产品本身虽然定价99元，却为其京东的品牌旗舰店带来了高流量价值。

[Planning]
想到、做到。敢想，因为敢做。

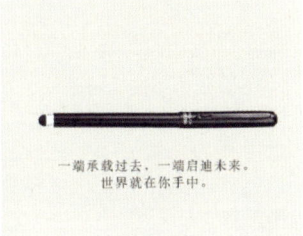

一端承载过去，一端启迪未来。
世界就在你手中。

[Creating]
创意，是一种把整个世界看做白纸的勇气。

同年年底，晨光在冬至日全新上线的定位于传统新年的系列礼盒——集客回家套装，更是兼具创意与传统节日情怀的全新场景品类，通过与所有主流互联网公司的深度营销合作，回家系列在特定场景引爆的"回家"话题，也屡上微博热议榜。

○ **场景方法**

张瑞敏说,没有成功的企业,只有时代的企业。在时代对时代的颠覆中,上个时代的企业要想迁徙到下个时代,无疑将面临巨大的困境,这种困难是基因式的。以大家热议的传统企业互联网转型来说,机会十分渺茫。坦率讲,场景可能是传统产业转型为数不多的机会。

传统企业转型中场景重构的五个维度

1. 组织构建方式的改变:从稳固的组织边界进化为跨组织的合作

传统企业在移动互联时代转型所面临的最大难点,是组织结构的改变。因为传统产业代表着存量,代表了相对稳定的思维方式,也代表了相对固化的组织结构和组织安全区。我们要形成跨组织的合作关系,用需求和场景去连接,组织的边界才会溶解且更有效率,乐视网在 2013 年年底启动的组织生态化战略即为一例。没有生态组织的水样化,就不会有 2014~2015 年乐视 TV 与超级手机的业务协同。

2. 产品定义方式的改变:从功能进化为场景解决方案

产品不再以功能为中心,不是功能不重要,而是因为功能变成了基本参数。洞察消费者的应用场景促进了研发层面的极致单品逻辑,但更重要的是 BD 部门和市场部门重度参与产品决策。需要的是解决方案,因此需要组织结构能承载和胜任这个变化。重新定义产品的先决条件是重新定义产品的决策部门。

3. 渠道拓展方式的改变:从传统中介进化为圈层化的新接触点管理

不是强调新媒体营销的万能灵丹,也不是强调所谓的社会化矩阵,不是否定大润发与沃尔玛的投入与产出比。关键是消费者在哪里?消费者的接触点就是我们的管理半径所及。天涯沦落，就得抢占知乎；人人式微，必须攻克陌陌；唯品会还是丝芙兰；礼物说或者楚楚街；全家超市抑或生活半径；京东或者天猫？这并不是个问题，只要找到并锁定用户。

围绕消费者的人群集聚设定社会化营销，这个部门成为公司顶层的驱动部门，这对于销售为中心的传统职能设定是一次颠覆。

4. 客户经营方式改变：从传统的 CRM 进化为社群运营和亚文化建设

用户经营不再是简单的 CRM 或可有可无的客服了，它已成为品牌的生命线。不能建设有黏性的社群，进而激活企业与用户连接的文化密码，品牌就会衰落，泯然众人。我们观察丹麦绫致集团旗下品牌 ONLY、VERO MODA，从"无绫致不成店"到现今渐渐淡出年轻女性的视野，多少体会到亚文化为什么在社群运营过程中如此重要。

那么，微信公众号的运营还是市场中心下属新媒体部门的一个小组的一两人的岗位职责吗？如果说创意如此重要，那么是不是招聘一两个 90 后文案高手就万事大吉？微信朋友圈营销的预算呢？微信 +H5+App 的联动营销预算体系就不是心血来潮的一两个项目可以涵盖的。

5. 商业模式（或盈利能力）改变：从传统的售卖逻辑进化为数据经营逻辑

传统商品的计件模式和传统渠道的层级化加价模式正在失灵。不断奏效的是对用户数据的挖掘和经营。羊毛出在狗身上，猪埋单或者猪饿死了。只有数据才能串联发起一场"蝴蝶效应"。旺 POS 铺设 O2O 最终一环，重构商业数据网络，解决的就是商家底层数据能力的缺失问题。

在商业模式上，大数据思维是通过足够规模的结构性数据能力形成指数级增长，表现为以用户为中心的新盈利能力。产品之所以可以践行成本定价法则，恰恰是因为获得用户后，盈利的多样性纷至沓来。

让自己成为成就年轻人的平台

因为智能手机的大行其道，因为社交网络的蓬勃发展，所有的口碑都能够在一瞬间传播到五湖四海，原来老客户的关系管理已经变成了获取新客户最重要的手段。我们甚至已经不那么相信大众点评了，信任的是在上海滩精通美食和旅游的朋友。我们不再相信品牌，不再相信所谓的LOGO和传统的定价体系，我们更愿意为我们的体验埋单，为朋友的推荐埋单。

时代已经变了，未来的商业模式是所有的产品从一开始就是在迭代，从一开始就是未完成。所以，回到本书的核心问题：

- 产品是什么？是场景，场景的解决方案。

- 渠道是什么？是人，是人与人的互动性，场景触发的一种新连接，应用轨迹形成的连环场景，人是渠道的核心。

- 研发是什么？研发意味着用户的大规模参与，研发本身意味着各种利益相关者共同的合谋和基于场景最真实的一种还原。

- 营销是什么？营销是基于热点的迅速转化，是基于互联网的内容产品，只有内容，才能在互联网场景引爆流行。

- 品牌是什么？其实已经没有品牌、没有商标了，所谓的差异化和识别性，在人群中气味一闻便知。是不是我的菜？是不是同行？是不是同道者？

产品、渠道、研发、营销、品牌，所有这些熟悉的语词就是这样"以迅雷不及掩耳盗铃儿响叮当"的加速度瞬间瓦解。我们还没有恍然大悟之前就又完成了新一轮的重构，而且这一轮重构以陌生的姿态出现，让我们无从驻足。

所以，传统产业互联网化最有效的方式是成为这个时代年轻人的平台。用投资的方式，用孵化的方式，用找到和成就达人的方式，让更多的年轻人，更多的达人，更多的牛人踩着我们的经验与智慧成长，我们因此获得成长红利的分享，在电商我们把它称为 CPS[①]。

[①] CPS：Cost Per Sale，以实际销售产品数量来换算广告刊登金额。CPS 广告是网络广告的一种，广告主为规避广告费用风险，按照广告点击之后产生的实际销售笔数付给广告站点销售提成费用。

● 场景诊断

SMG 内部培训讲座

二零一五年五月十二日

星期二

提问：

您讲到场景动能=渠道，渠道的核心是流动，人的动作是场景的核心，人的传播分享是场景的链条。我们公司一直在做新媒体营销，我认为通过语音的方式是和客户、读者拉近距离最好的方法，但语音也使得我们没有办法进行二次传播。『罗辑思维』是在发送语音之后，通过回复关键词进行沟通，这是不是一个比较好的方法？

吴声：

语音是非常人格化的表达，但从媒体影响力层面看『视频∨图片∨文字』，语音却不是标配，只不过更容易形成微信场景的距离拉近和应用场景拓展，所以常常被灵活运用。

首先企业要具有人格魅力，而现阶段准确定义企业自身品牌的人格魅力，还处在『为赋新词强说愁』阶段，尚存在认知和实践上的困难。

其次，语音作为长期运营的手段，能形成交互习惯。语音自媒体到了四五十万用户量级，不要轻易做切换。运营新媒体，我们要更多运用今天网民喜欢的表达方式，比如图片九宫格、轻单体的文字等与语音组合。这些表达方式，实质是进行特定场景接触点管理，让用户持续形成新鲜体验，摆脱审美疲劳。

● 场景诊断

罗辑思维实验坊上海站

二零一四年八月二日 星期六

提问：

您说传统的营销方式被场景打法所重新塑造，那么我们应该如何通过构建场景来增加微信或微博的用户，怎样做营销是有效的？

吴声：

有效营销要回到与用户形成深度沟通和反馈的场景生态，可以从以下四个维度寻求改进：

第一，让内容更加『内容化』。不要一味追寻热点，让内容有价值，能够让用户获得自己需要的内容。比如『一条』，关注食物、手工、建筑的广告都能成为硬知识。

第二，让情感更加温度化。让微信或微博在保证真实的基础上，形成起伏、有曲折，让用户感受到有『温度』的节奏。比如『同道大叔』，十二星座的代入感，只要足够吐槽，比真实还让人动容。

第三，呈现的界面多样化。立足聚焦和定位的人格，形成多样化的诠释和多样性的维度，形成多重性的递进。比如『VICE』，不变的是叛逆和特立独行，变化的是视频、长镜头和深度报道的结构。

第四，不要怕拉仇恨。找到恨你的人，才能真正找到爱你的人。一味讨好拥护你的人，有时反而未必奏效。比如罗振宇和罗永浩的微博。

从这四个维度改进，打造持续的内容运营体系，增加分享的触点和机制，用户自然会分享和参与，就能形成新的关注机制，从而具备长期获取用户的能力。

第四部分 | 场景的商业应用 | **233**

『一条』推送：台湾最美的院子，紫藤庐

● 场景链接

App 链接

1 想去
美学电商的内容化平衡。

榫卯
所谓匠人如神,也是所见极广,用情且深。

Wedding Escape(逃婚大作战)
游戏场景设定富有日常生活的陌生感。

微信公众号链接

六神磊磊读金庸
金庸场景的新鲜解读。

Camelia 山茶花
场景电商购物平台。

SDS 超级漫画
做测试,玩游戏,看吐槽。

图书链接

游戏改变世界
〔美〕简·麦戈尼格尔 著

游戏化不仅是场景,也是场景化思维的重要工具。目标、规则、反馈和自愿参与,从另外一个角度解读了场景参与商业应用的方式。

新经济 新规则
〔美〕凯文·凯利 著

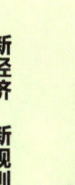

如同《失控》一样年代久远却未过时,这本1998年的小书,也是神谕般契合了转型期的诸多痛点,简明扼要的提醒胜过各种大词。

想象:创造力的艺术与科学
〔美〕乔纳·莱勒 著

陌生人与熟人的组合,借鉴他人的想法,创造第三空间,注重弱连接。想象源自平常心,源自我们专注的好奇。

● 后记

这本书的诞生多少有点因缘际会，从电商一线到社群实践，我一直试图寻找这个时代商业变化的隐喻和密码。重新构建商业连接的尝试，其实一开始我是拒绝的。在电商企业的那些日子里，常常会对商品、流量、平台、入口、转化，这些耳熟能详的关键词熟悉到几近陌生。

后记

2011年12月，我和老罗（"罗辑思维"创始人罗振宇，左页图右）在参加一个互联网聚会时谈及上半年发布的微信。我们都感觉传统电商的颠覆者来了。"这一定是全新的购物入口"，我们异口同声，言之凿凿。但此后即便微店崛起，微商横行，微信的购物入口地位仍在迭代和尝试。多少有点尴尬，一晃3年多过去了。然而，场景这个词像楔子一样植进脑海，挥之不去。

2012年11月答应静姐（东方风行集团创始人、主持人李静）担任乐蜂网总顾问，设计商业模式时，我提出了"达人经济孵化器"的概念，我们都相信明星经济是一个亟待爆发的关系场景。策划谢娜、羽泉、李小璐、伊能静等艺人品牌，一次次模拟和还原明星一样的生活。

2013年7月，应北大博雅方希老师之邀撰写《传统企业的互联网转型》。方老师、脱不花（"罗辑思维"联合创始人、CEO李天田，左页图中）、老罗等人和我一起头脑风暴，为我两肋插刀。"传统企业的生死穿越""电商兵器谱""大分流"……但是后来由于事务繁忙，失信于方老师，抱憾更是抱歉。今日，这本书也勉强算是给方老师补交的作业了。

2013年11月，"罗辑思维"二期会员招募筹备会，老罗和我提出"只选择微信支付"，我们判断的尺度是势能。微信红包被引爆前，当时90%的微信用户都没有绑定"我的银行卡"。12月27日0点，前30分钟基本无法完成支付，广州的微信团队和我们一样紧张，"罗辑思维"——第一个开通微信支付的订阅号。

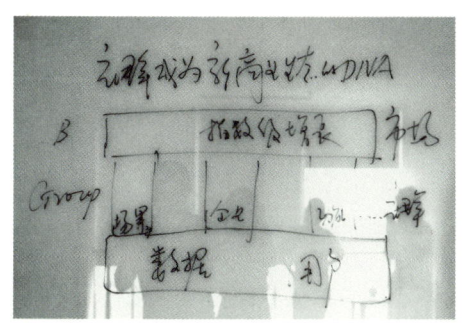

2013年12月的一个夜晚，长江商学院廖建文教授和我讨论社群话题，场景成为第一个关键词，我们画出了一张社群的结构图。

2014年6月开始的8场"罗辑思维"巡讲，在主持"罗辑思维"实验坊（一个类似私董会的闭门讨论）时，我反复运用"应用场景"来解答与会企业家的问题。

2014年10月14日晚上11点半,绍鹏总(联想佳沃集团董事长陈绍鹏)电我,"吴声,明天柳桃的发布能够被引爆吗?"我说,"没问题,朋友圈一定会被刷屏的。""罗辑思维"&柳桃的核心,是柳总录了一段语音,向移动互联网时代的年轻人请教。15日,"罗辑思维"活动客服邮箱收到了3000多份给柳老支招的邮件。现在我们都知道品牌的引爆场景就是朋友圈。

2015年1月16日晚,深圳君悦酒店36层领教工坊私人董事会,与小组企业家在酒吧海阔天空,始有场景的系统提法。

2015年1月28日电子商务年会的下午场,我在演讲中提出了"四即"(产品即场景、分享即获取、跨界即连接、流行即流量),2月2日发表在李岷老师的虎嗅。

今天,你看"罗辑思维"的微信商城,所有商品的详情页,都是一则则故事,无论老六的《读库》,还是天使厨娘的饭局,知识拆迁队不断推出的好书,或者"又一课",都是有温度的场景,有信任的人格。产品即场景,我想是对场景电商的生动演绎。

感谢上面提到的这些好友:罗振宇、李静、李天田、方希、李岷、廖建文、陈绍鹏。感谢"罗辑思维"一起玩耍的小伙伴。感谢领教工坊和1307组的各位企业家朋友。感谢正知书院的各位理事。感谢李翔和钱晓征两位老师的专业建议。感谢刘强东刘总的商业教诲。感谢毛继鸿和他的方所。感谢吕永中、May和他们的半木空间。感谢视觉中国的图片支持。感谢王炜、袁剑、唐越、刘韧、牛文文、王利芬、卜安洵、王少磊、聂林海、王煜全、李黎、王冠雄、苏军等好友的关心和帮助。感谢〇无边处的张娴、郑婷两位编辑老师的精心统筹,迦墨设计孙昆宇老师的整体版式设计,Sally 薛秀丽的策划协调。感谢晨光文具陈湖雄、分众江南春、MO智能体质分析仪赵浦和朱晴波、微店王珂、Airbnb的Bruce、大姨吗柴可、航班管家及连咖啡王江、美团吴茂林、易到用车周航和朱月怡、有赞白鸦、蜜芽宝贝刘楠、美丽说徐易容、Yes!时尚电商蔡虎、优酷陈丹青、爱悦健康赵悦希、nice周首、河狸家雕爷、野兽派Isabelle的案例支持。尤其感谢我家杨柳的鞭策和鼓励。

没有你们,这本书不会这么快付梓面市。

场景，是一次面向未来的约会，代表了无限可能，也代表了连接之后的想像。在本书的二维码和各种链接里，希望能够萌发更多新的信息与体验。期待随时随地的接入，仍旧会让我们有愉快的邂逅。

上海 K11 购物艺术中心二层的 Vivienne Westwood Cafe，一个心仪的女子坐在窗边，剪影之美不可方物。她的人是美的，衣服是美的，连她喝水的杯子也变得美起来。所见即所买。于是，你掏出 iPhone 6 Plus 手机，打开 App 购买了一个同款土星杯。这个杯子不是你必需的，跟你也没有真实的功能关系，你购买的只是对于那个场景的记忆与沉湎。

我喜欢《神雕侠侣》的结尾，是这样的场景：

却听得杨过朗声说道："今番良晤，豪兴不浅，他日江湖相逢，再当杯酒言欢。咱们就此别过。"说着袍袖一拂，携着小龙女之手，与神雕并肩下山。

其时明月在天，清风吹叶，树巅乌鸦呀啊而鸣，郭襄再也忍耐不住，泪珠夺眶而出。正是："秋风清，秋月明；落叶聚还散，寒鸦栖复惊。相思相见知何日，此时此夜难为情。"

2015 年 5 月 31 日

风陵渡口初相遇
半木空间轻无声
等闲联结势穿越
重剑不比烟花沉

所以

看到这里

大家会理解

为什么这里有现金红包、优惠券、活动入口、音视频链接和场景推荐

这不是本要死得远远的广告书、教科书

近似于流行手绘

接近于一次完整的年轻生活方式洞察

一件事在哪里开始

就会在哪里结束

没错

这个长文案本身就是一次阅读场景的冒险

期待你的好奇心

我在微信等你